天道酬勤

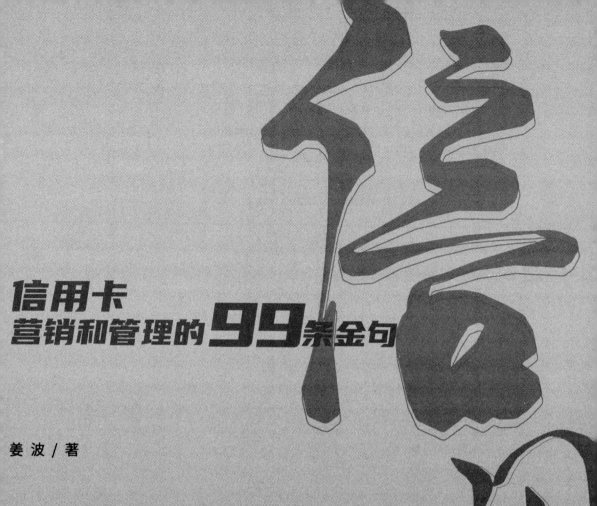

信用卡
营销和管理的**99**条金句

姜波 / 著

高效技巧 精细管理 生态场景 一体经营
风险底板 数字转型 内涵增长 共享共赢

经济管理出版社
ECONOMY & MANAGEMENT PUBLISHING HOUSE

图书在版编目（CIP）数据

信用卡营销和管理的 99 条金句 / 姜波著 . -- 北京 ：
经济管理出版社，2024.(2025.4 重印)
  -- ISBN 978-7-5096-9797-9

Ⅰ. F830.46

中国国家版本馆 CIP 数据核字第 2024VK1983 号

组稿编辑：杨国强
责任编辑：白　毅
责任印制：张莉琼
责任校对：王淑卿

出版发行：经济管理出版社
　　　　　（北京市海淀区北蜂窝 8 号中雅大厦 A 座 11 层　100038）
网　　址：www.E-mp.com.cn
电　　话：（010）51915602
印　　刷：唐山昊达印刷有限公司
经　　销：新华书店
开　　本：710mm×1000mm/16
印　　张：13.5
字　　数：172 千字
版　　次：2024 年 8 月第 1 版　　2025 年 4 月第 2 次印刷
书　　号：ISBN 978-7-5096-9797-9
定　　价：48.00 元

前　言

　　2023 年 10 月，中央金融工作会议明确指出：加快建设金融强国、全面加强金融监管、完善金融体系、优化金融服务、防范化解金融风险，坚定不移走中国特色金融发展之路。随着大数据、移动互联网、数字化、人工智能等信息技术的蓬勃发展，传统金融与信息技术不断实现融合，银行在寻求高质量发展道路的同时，经营模式也在发生深刻变化。

　　中国人民银行近日发布的《2024 年支付体系运行总体情况》显示，截至 2024 年末，全国信用卡和借贷合一卡开立 7.27 亿张，较 2023 年末减少约 4000 万张，同比下降 5.14%。信用卡逾期半年未偿信贷总额已从 2023 年末的 981.35 亿元，增至 2024 年末的 1239.64 亿元。信用卡作为互联网支付、移动支付、线下支付的重要载体，有力拉动了社会消费潜力，成为大国金融的"重器"。从国家层面来看，2015 年以来，国家有关部门多次出台了鼓励信用卡业务发展、规范信用卡业务经营的相关文件，要求各银行认真落实好金融消费者权益保护"三适当"原则。从银行层面来看，信用卡已成为银行提升业务和服务竞争力的"主力军"。

　　以人工智能为核心的信用卡新质生产力正在加速形成。信用卡是发卡银行向客户推荐的重点产品之一。前端负责利用线上、线下多渠道销售产品，中端负责营销推动、资料审核、场景赋能以及产品管理等，后端负责系统支撑以及风险管控。如何在信用卡"精耕细作"时代，让营销和管理更加高效，是当前摆在多家银行面前的一个重要课题。

笔者继前两本著作广受业界好评后，经过 6 年的积累，结合当今信用卡业务发展现状，完善观点，更新方法，全书结合大量案例，总结了提高业务能力、提升业务效率的"金句"，全面解析如何做好信用卡的营销和管理。

源于实践，成于总结！笔者愿为全国从事信用卡及相关业务的百万工作者探索更加科学有效的工作方法，为各家银行抓住时代机遇，开展新金融实践，实现信用卡业务数字化转型，推动信用卡业务高质量发展献上绵薄之力！

姜　波

2025 年 3 月

目　录

信用卡营销篇

信用卡管理篇

信用卡营销篇

信用卡营销之自我修炼篇

按照信用卡监管部门的有关规定，信用卡营销必须由银行员工或者银行协议委托单位员工亲自进行面签，即是"亲见客户本人、亲见客户证件、亲见客户签名"。目前，虽然存在着"个别银行视频面签试点、已认证身份的电子渠道申请不再到线下面签"等客户自助申请的渠道，但大多数情况下，还是需要"员工与客户面对面交流并确认相关内容"。一定程度上，信用卡营销在当前和今后一段时期内，还是需要依靠大量人员去推广。

金句1 "斗志"是做好营销的"第一要务"

为什么"斗志"是做好信用卡营销的第一要务？这句话的合理解释有很多种：勤奋、行动、进取心、规划……付出不一定有回报，但不付出一定没有回报。斗志既是一种"有志者事竟成"的心态，也是一种"自强不息"的状态，最终达成"更上一层楼"的目标。

1. 业绩是靠"勤奋"换来的

时常让积极的思想占据你的头脑，保持高昂的"斗志"，你就会有坚定的信念，能充分挖掘自己的潜力，克服困难，积极主动完成工作，让你的业绩达到一个又一个的高度。

可以想象一下，办公室外是40℃的高温或者刺骨的寒风，你悠闲地坐在办公室等待客户主动来找你办卡，这样的客户很少有。但此时如果你能主动上门营销，客户也许会被你的服务精神而不是产品本身所打动，你的产能更容易提升。平时，你比别人多跑一个单位，多去一间办公室，多介绍一句产品，也许你们之间的营销业绩会有本质上的差别。

对个人而言，做信用卡业务就像在"培养一棵树苗"，它需要用"汗水"灌溉，浇灌越多，长得越好，越有可能长成"参天大树"。其实，无论是做管理还是做营销，都必须付出大量的努力，因为"勤奋与业绩呈正相关"。

2. 业绩是靠"行动"做出来的

俗话说，"心动不如行动"，再好的想法，如果不付诸行动，也只能是一句空话。信用卡营销最忌讳的就是拖沓懒散，时间不等人，客户难等人，竞争对手也会不等你。你早到一个目标单位了解客户办公地点分布情况和作息时间，总比你晚到要好得多。

例如，对于学校这样的单位，课间休息是办卡的黄金时间，如果你上课后才到，那就需要再等一节课的时间，同时你也失去了一次重要的宣传机会。因此，你需要将时间高效利用起来，例如，早上，缩短早饭的用餐时间；平时，加快走路步伐，提升速度。通常情况下，如果你和客户提前预约，最好提前 5~10 分钟到达，千万别迟到，因为做信用卡业务更要讲信用。

小贴士——

"天道酬勤，力耕不欺。"市场不等人，要敢于付诸行动，在行动中才能不断培养营销服务能力，练就适合市场竞争的本领。所以，认真做好规划后，营销行动要当机立断，在营销过程中处事要果断，不要随意折返路线和轻易改变营销目标，否则，既不利于斗志的"形成"，也不利于业绩的"达成"。

金句 2 "乐观"是做好营销的前提条件

随着信用卡业务规模的持续增长，在营销和管理上出现了越来越多需要解决的问题，成为发展道路上的一道道障碍。乐观者，一定是富有工作热情的人，也是离成功更近的人。"一切成功都要有一个好的心态"，好的心态一定是积极向上、乐观大气的心态，"营销能手"一定是心态较好的人。

不可能每次营销都会有收获，时常会有两手空空的烦恼。不可能每次外出都能取得成绩，经常会存在无功而返的情况。不可能每样产品都受客户欢迎，有的产品功能设计不完善、核心权益没有满足客户需求因而得不到客户的青睐。营销中出现"滑竿"的现象很正常，但要通过及时调整心态，并找到正确的方法，将"滑竿"的频率尽可能地减少。

小贴士——

"自信人生二百年，会当水击三千里。"调整自己的心态，更新自己的观点，时刻保持着乐观的精神，时常给予肯定和正面的自我鼓励。遇到营销失败时，业务发展不好时，不要气馁，多站在客户的角度去思考问题，积极主动寻找解决问题的办法。乐观者更容易看清楚问题解决的方向，勇于直面困难和挑战。

金句 3 良好的"形态"能为成功营销增添"砝码"

"销售产品就是销售自己"，这是营销界一句经典名言。其实是告诉我们，良好的职业素养对成功营销的重要性。"形态"代表外形和精神状态，良好的形态能让客户在了解产品和接受服务的过程中，保持一个"畅快"的心情，这有助于提升营销的成功率。

1. 修饰自己的外形

无论是驻点营销，还是上门营销，首先要带上工作证。其次服装不要过于时尚也不要随心所欲，最好是穿着整洁大方的工作服。最后要外表干净得体，注重持续培养自己良好的职业气质，初次拜访客户时，给客户留下良好的第一印象。

领带要打，就要打得长短适宜；衬衣要穿，就要穿得平整挺拔，不要出现油渍和褶皱；男同志不要染发和留长发，保持头发整齐干净；身上不要有异味，尽量不要吸烟，保持口气清新，营销过程中禁止吸烟，因为不少客户反感吸烟，尤其是女性客户；在与客户交谈的过程中，双手应自然放置，不要双臂交叉于胸前；在给客户解释产品时，要自然地伸出手指指向宣传单，引导客户按照你的讲述去了解产品；如果要握手，力度要适中，动作要谦和，递送名片、添加微信时要谨慎恭敬，表达"竭诚为您服务"的态度。

2. 保持良好的精神状态

保持良好的精神状态能够带来充沛的体力和从容不迫的心态，因为营销是一项耗体力也耗脑力的工作。不少营销人员喜欢通过刷视频、打游戏、运动、看电子书等方式放松一下，以调节身心。工作期间要在晚上 23：00 前休息，养成早睡早起的良好习惯，否则，休息不好，精神状态不佳，会影响营销效果。从早上起床开始就具备饱满的精神，清晰的头脑，这样才能有更好的判断力和应变能力，能迅速应对和解答客户的各种问题。

> **小贴士——**
>
> 营销人员每天要保持一种"时刻准备战斗，随时可以战斗"的良好精神风貌。营销，有的时候就像"打仗"一样，保持锐意

进取的工作状态和敏捷的思维，以饱满的精神全力以赴去做好营销，以钉钉子的精神去达成营销目标，这是"能打仗"和"打胜仗"的重要精神保障。

金句4　出色的"口才"是成功营销的重要"润滑剂"

在与客户的交流过程中，要以和颜悦色、温文尔雅的态度进行谈话。要控制好音量和语速，让感兴趣的客户听清楚，让不感兴趣的客户不反感，在不影响客户工作的前提下能吸引周围人的关注，对客户关心的问题要耐心解答，表情自然而又诚恳。这才是最好的音量和语速。

在与客户交流过程中，客户说对时，点头表达"您说得很对"表示赞同；客户说错时，进行"表扬式"的指正（感谢您这么关心和专业的见解，我冒昧地补充一下）或者不予指正。学会倾听，不要随意打断客户，要不时地交流和微笑，尤其注意眼神的沟通，让客户感到备受尊重。客户提出的建议要虚心接受，不与客户争论，以建立起良好的交流氛围。改变不好的音色，让客户感觉清新悦耳。不要使用"太俗气"的口头禅，常用"您好，谢谢，再见，打扰了……"。接听客户电话时用语要礼貌，多用"您好，请稍等，感谢您的支持，请问有什么需要我服务的……"。在营销时，不少客户会对你接电话的语气和神态进行观察，这也间接影响营销，因为将来他有问题找到你也可能面临同样的情况。

小贴士——

"言之有物，声情并茂。"学会察言观色，对于随性的客户，少用雅语，多些诙谐；对于端庄的客户，不说俗话，多些谦和。

平时可以通过观看世界名人的演讲，学习营销大师的语录，朗读金融产品的功能等方式提升自己的表达能力。出色的口才能营造轻松的营销氛围，改善客户对你的印象，它是与客户打交道的重要润滑剂。

信用卡营销之专业技能篇

俗话说得好，"基础不牢，地动山摇"。信用卡营销的重要基础是什么？就是专业技能。专业技能主要包括熟悉本行的信用卡产品、熟悉他行的热门信用卡产品、熟悉常见的金融产品，并做好日常的准备工作。学习能力在一定程度上决定了你的市场竞争力。

金句5　专业技能是保证良好业绩的"地基"

随着银行转型发展步伐的加快，对专业技能的要求越来越高，具备多产品综合销售能力，是一个重要趋势，甚至是必备条件。"胜任"不一定与学历呈正相关，但一定与学习能力有密切的关系。这对于信用卡营销也是同样的道理，那就是"做销售也是做专家"。

1. 熟悉本行的信用卡产品

只有熟悉本行信用卡的各项功能、权益以及近期的优惠活动，才能快速准确地向客户介绍，并站在客户的角度分析，例如，申办了这张卡会有什么好处，平时用卡过程中有哪些注意事项。

如果你在给客户介绍信用卡时，支支吾吾、吞吞吐吐，客户至少会认为"你不专业"，担心被骗或者以后用卡过程中被收取一些不明的费用。现在不少客户都是玩转信用卡的"高手"，他们的问题有时"博大精深"，例如，"如何延长消费免息期？分期付款的手续费折合年化利率是多少？信用卡透支提现的哪种方式比较划算？本人信用报告有污点，如何用卡才能恢复到正常的信用记录？你们在审批额度时是否扣减其他银行信用卡的已使用额度？"等。

信用卡已经在国内历经了 39 年的发展，2010 年以后，进入了高速发展期，在广大持卡人中产生了不少用卡"专家"。只有充分掌握好信用卡业务的专业知识，才能让自己有信心走近客户、有能力赢得客户的认可。

2. 熟悉他行的热门信用卡产品

其他银行主推的信用卡产品，往往也是客户的重要选择之一。"你推荐的产品，比起其他银行的产品有什么优势，或者能否作为用卡的有效补充。"这就需要你熟悉他行的热门信用卡产品，进行比较和分析，向客户做出合理的解答。

在你向客户推荐产品的过程中，经常会有客户拿出一张或者几张其他银行的信用卡，向你告知"我已经有信用卡了"。这时你要迅速反应，向客户推荐一款功能和优惠活动至少与其相当，或者是其没有的特色信用卡，作为一个补充。这样，你才有更多机会赢得客户的认可。这里特别提醒，即便你所推荐的信用卡，在某些方面优于其他银行的信用卡，也没有必要进行诋毁，这不仅是对同业的尊重，也是对客户选择的尊重，就像家用轿车价格有高有低，但用习惯了也用出感情了，即便价格不如其他轿车，客户也会觉得很不错。

"对比"产品进行营销非常重要，这是在银行产品同质化比较高的今天，一种常用的营销方式。熟悉他行的信用卡产品，找到产品间的差异，是一种极为重要的专业技能。

3. 熟悉常见的金融产品

在与客户打交道的过程中，营销人员在一定程度上代表了银行。客户关心的问题，除信用卡外，还会有很多银行的其他产品。至少你要了解一些本行常见的金融产品，便于给客户做出合理的解答，也能对成功营销信用卡带来帮助。

平时要积累本行的一系列产品知识，例如，个人住房按揭贷款和公积金贷款的利率及申办手续，几款主打理财产品投资回报情况，国债发售日期及申请条件，手机银行转账费用及限额，黄金和基金的走势判断，几款小微企业贷款的重点产品等。客户向你咨询相关产品时，如果你解答不出来，要主动帮助客户询问或者留下能解答问题的银行员工联系方式，方便第一时间解除客户的疑惑。平时要牢记几个业务专家或者业务部门的电话，随时主动去请教和咨询。要知道，客户带着"疑惑"来申请信用卡并不一定是好事。

> **小贴士——**
>
> "君子藏器于身，待之以动。"熟悉"信用卡＋理财＋其他常规贷款"的知识对营销人员而言，是一项基本专业技能。有的银行要求对公客户经理、个人客户经理可以通过内部的信用卡岗位考试，是非常有必要的。要边干边学，快学快干，多学多干，学以致用。

金句 6　做好有针对性的准备工作

信用卡外出营销的准备性工作有很多方面，除做好单位规划、目标客户选择、明确主推产品外，还有一些基础性的准备工作，例如，"资料、证件和设备"以及对单位相关情况的事前了解。

1. 牢记外出营销必备的三件事

过去有句话说得好，出门三件事，"手机、钥匙和钱包"。信用卡外出营销也有三件事，那就是"资料、证件和设备"。

资料包括产品宣传单（含电子版）、纸质申请表、开卡或用卡礼品

（含电子礼券）。证件包括工作服和工作证。设备包括 Pad、充电器、身份证鉴别仪，必要时携带便携式复印机等。切记，营销时一定要带宣传单，因为宣传单是你与客户产生共同话题的重要纽带，也可以通过添加微信将电子版的宣传单发给客户。客户阅读宣传单时，你可以在旁边介绍产品，客户边问问题，你边解答。没有展示产品和优惠的"空口营销"，成功率一定不会高。

现在不少银行能够通过手机 App 客户端或者 Pad 申请信用卡，相关证明材料现场拍照，这给营销带来了极大便利。这些是外出营销必须做好的基础性工作，对于提升申办效率十分重要，会让客户认为你十分专业。

申请表（含电子版）看上去有许多"令人畏惧"的收费标准，以及需要让客户抄录的相关声明并签字。营销人员可以通过明确法律责任关系，从法律保护的角度给予客户合理解释。

2. 临时抱一抱"佛脚"也是必要的

在准备去某个单位营销时，事先做一些有针对性的准备，例如，学习一些这个单位所属行业的基本业务知识，收集这个单位的主要成绩和在行业内获得的重大表彰，如果营销对象为企业，可以了解一下它在市场上主要推广的产品，这样容易与客户找到共同话题。

例如，客户是生物老师，你可以向他请教一些基因编辑、细胞治疗、人工合成生命等知识。客户是住建局的工作人员，你可以和他探讨一些国家近期的房地产调控政策。客户是电商企业职工，你可以和他共话自媒体带货的新渠道。客户所在企业是制药厂，你可以事先了解它在市场上主要推广的药品，在行业的排名或者得到过的荣誉。突击做一些针对性准备，会成为营销很好的切入点。

小贴士——

　　"家中有粮，心中不慌。"信用卡营销很难完全做到知己知彼，面面俱到，但至少要做到"不打无准备的仗"，因为它会帮助你减少对行业和客户的"陌生感"，带来足够的"营销自信和底气"。

金句 7　"勤学好问"提高审核通过率

　　"审核通过率"一直是营销端与审核端经常交叉讨论的重要课题，也是营销人员最为关心的重要事项。由于客户类型较多，不同类型的客户适用于不同的审核政策。所以，营销人员平时要多向专业人士学习和请教，关键政策要熟记于心，精准掌握，最好能保持审核通过率在90% 以上。

　　在退补件的原因中，有些不是因为客户自身条件不符，而是因为填写或者操作不规范造成的，要引起重视。

1. 填写的准确性

　　准确填写账单地址；除了申请人手机号码外，申请表上至少还要有两个联系方式；单位地址尽可能准确，尤其是大型单位，要填写到部门、车间或者分支机构；对于私人或者民营企业客户，单位名称不能只填写"个体 / 销售 / 采购 / 餐饮等"，而应有具体的名称或者店名。

2. 交件的规范性

　　掌握好扫描进件的步骤，控制好进件的时限，按照档案管理规定做好资料登记、交接和保管，留存好客户和员工的签字凭证等。

3. 选择的合理性

　　选择政府、事业单位、国有企业等公职人员作为目标客户时，审核通过性较高，其中教师、医生相对更高。行业内高净值客户、优质代发客户、按时还款的个人住房按揭贷款客户和普惠贷款客户等预审核白名单客户，是重点营销的高通过率目标客户。

小贴士——

"业精于勤，荒于嬉。"营销人员要学习总结没有审核通过的客户申请件，包括退件和补件，把审核结论与客户单位、客户提供的资料结合起来归纳分析。当然，审核通过的客户资料也是很好的范本（哪些行业和单位通过率高，哪类客户通过率高等），认真加以研究，以后营销时能保证较高的通过率。严格按照政策去找寻客户，更容易提高审核通过率。

金句 8　具备强烈的合规操作意识

近年来，随着产品功能的不断延伸及完善，信用卡由最初的小额循环贷款产品演变成了具有大额信贷（专项分期/项目分期）功能的分期贷款产品。贷款金额增大，风险也随之增大。"营销"环节是确保贷款合规和资产安全的第一道关口，营销人员一定要具备强烈的合规操作意识。

1. 履行"亲见"

对信用卡营销人员而言，"亲见客户本人、亲见客户证件、亲见客户本人签名"，确保申请资料真实性及完整性，这是最基本的营销底线。

2. 规范申请

指导申请人正确填写和提交信用卡申请表（含电子版），指导申请人提交资质证明材料，要"亲见"资质证明材料原件，并核查材料的真实性，签署核查意见（银行不要求营销人员核查除外）。信用卡申请表具体填写要求如下：

（1）申请人完整、正确、真实填写或者勾选申请表（含电子版）内各项内容，字迹清晰可辨。

（2）申请人在申请表（含电子版）的指定位置亲笔抄录知情声明，字迹清晰可辨。

（3）申请人在申请表（含电子版）的指定位置亲笔签名。申请人签名要与其在身份证件上登记的姓名完全一致，字迹清晰可辨。

3. 如实告知

营销人员要熟知信用卡产品的特色、功能、权益及促销活动，不断提高产品应知应会能力。如实告知申请人信用卡产品的特色、功能、权益及相关收费标准。提示申请人详细阅读并正确理解银行信用卡的协议约定，知晓与使用信用卡行为相关的法律责任和处理措施。

4. 主动提示

本着"了解你的客户"原则，在申办过程中要了解客户的办卡用途，提示申请人如申办成功后，要正确使用信用卡，不得非法套现，不得用于生产、经营、投资等非消费领域，更不能出租、出借，非法买卖信用卡用于电信诈骗。

5. 保管资料

在规定时间内主动提交并移交申请资料，对暂未移交的申请资料进行妥善保管，不得擅自退件、销毁或者长期保管，尤其要做好客户信息保密工作。

小贴士——

营销人员要树立正确的经营观和业绩观，严格遵守银行合规操作的各项规定，把风险有效堵截在营销前端，这既是防控风险的有效手段，也是保护自己和履行工作职责的重要举措，不能为了业绩不顾风险。对营销人员而言，"合规操作没有终点，永远在路上"！

信用卡营销之策略方法篇

多数情况下，客户不是因为"办卡"而办卡，而是为了解决自身的金融需求。当然，不是所有客户都会有这方面的需求。对于有需求的客户，营销人员要快速、精确地找到他们，并通过行之有效的策略，尽量花最小的精力，找到高效的方法，实现对他们的成功营销。

金句9 营销要分人群

与客户交流时，营销人员通过与客户两三句话的交谈或者客户的表情，就能将客户属于哪类人群迅速辨别开来。根据人群的不同，分别采取不同的营销策略，做到有的放矢，分类营销。在有限的时间内，最大限度地提升营销产能。

从营销对象的总体情况看，按照大数法则，人群可划分为四大类，由于每类人群的特征各异，在营销对象中占的比重也不同，因此，采取的营销策略也不一样。

1. "大忙人"（大约占 10%）

特征一般包括三种：特别繁忙；见不到面；或者不理世故。例如：三甲医院的知名专家、高校的知名教授、一线明星等，他们偶尔会出现，但都非常繁忙，要空出时间来办理信用卡很难。有些政府高官、大型企业高管，需要银行的高层亲自去拜访，正常的营销很难见到面。还有一类人，处事风格相对传统和古板，不愿意借贷，也不常理会外来的新鲜事物。

策略：对于"特别繁忙、见不到面的人"，如果你平时和他们交道不多，自身层级也不高，那就没有必要花大量的精力去营销他们，因为申办成功率会较低。对于"不理事故的人"，由于要改变他们的世界观和价值观，这需要花大量的时间，从效率的角度看，建议选择其他对象。

2. "陌生人"（大约占 20%）

特征一般包括四种：①年龄较大，例如，55 岁以上的人，使用信用卡的概率相对低；②直接告诉你他有不良记录；③始终认为信用卡不好用，可能曾被信用卡伤害过，可能对你所在的银行不满意；④长期不在本单位（停薪留职、待岗、借调、单位派驻外地等）。

策略："长期不在本单位的人"可以通过电子申请渠道和大数据去精准营销。其他人基本上与信用卡失去了缘分，营销他们一般只会出现三种结果，"不办、不用和不通过"，营销的意义不大。

3. "值得营销的人"（大约占 50%）

特征一般包括三种：①年龄小于 50 岁，对信用卡的延伸权益和服务比较感兴趣，乐于接受新事物，但必须听你把它完全解释清楚。②已有他行信用卡，会通过你的解答来对比产品之间的差异，弄清你推荐的产品有哪些实实在在的好处。③跟风。有人办或者有领导办，他也跟着办，会关心地问你一些可能与信用卡无关的问题。

策略："值得营销的人"的共同特征是爱问许多他们关心的问题。你必须有效组织语言，展现较强专业能力，流利地解答他们的问题，解除他们的疑惑，包括但不限于信用卡方面的问题，这是成功的关键。加强对信用卡和银行其他业务的学习十分重要。

4. "好人"（大约占 20%）

特征一般包括六种：①特别在乎好处。给他一些礼品或者提供一些帮助，他就会同意办卡，同时协助你营销。②非常懂信用卡且喜欢使用信用卡，对他而言，时不时地教下周边的人怎么用信用卡，是一种"荣耀"。③需要用信用卡来周转资金，想透支，最好高额度。④此刻非常无聊，你给他找点"事"做，他很高兴。⑤同情你有任务。⑥热心人。会给你介绍本单位或者其他单位的熟人让你去营销。

策略：①要在营销中迅速发现"好人"，"好人"就是你营销中的"贵人"。②嘴巴"甜"一点，"热心"一点，请"好人"帮忙推荐和宣传一下产品。让"好人"成为你营销信用卡的资源贡献者或者是其他客户申办的"榜样"。

> **小贴士——**
>
> 　　"智者细思谋，艺者巧运筹。"从人群特征和营销策略看，营销目标主要锁定在一个单位 70% 左右的人身上比较合理，别老想"一锅端"，一口气全部办完，这样不太现实，也容易因为"大忙人""陌生人"带来的营销挫折而失去信心，这背后还有"需不需要，适不适合，能不能办"等因素。

金句 10　结合场景营销特色产品

不少银行在信用卡的经营管理过程中，将客户进行有效细分，开发了针对"特色族群"的信用卡产品，包括有车族、动漫族、商旅族、运动族、网购族、校友族、高端族、游戏族、年轻族等，这些产品权益鲜明，客群特征明显，需要结合场景去营销客户。

"场景"营销是一种较为高效的营销方式，它充分结合时机、场所和客户习惯，以相对精准的方式向客户推荐产品，例如，针对私家车主发行具有"洗车、加油、代驾，高速公路不停车收费及通行折扣等优惠"的信用卡；针对高端客户发行具有"国内外机场贵宾室服务，三甲医院预约挂号及导诊，高端酒店餐饮及住房优惠"的信用卡；针对政府、事业单位等财政预算机构发行具有"财务报销功能、多种费用减免"的公务信用卡；针对在校教师及学生、广大校友与所属高校联名发行具有"校园感怀和爱心公益"的信用卡；针对商务出差、旅行类客户与知名商旅企业发行具有"全币种消费、会员资格、订购优惠"的信用卡；针对美团、芒果、京东、QQ 音乐、哔哩哔哩等特定群体发行"会员专属优惠"的信用卡……

在推广权益鲜明的特色产品时，一定要结合目标客户的生活和工作场景，在其往来集中的优质场所进行驻点或者上门营销，以及通过互联网渠道开展精准推送。针对私家车主，在加油站、车管所、4S 店售后区、洗车场、高速公路出入口等进行驻点营销，或者布放扫码申请办卡尊享优惠的宣传资料；针对有公务报销需求的客户，通过与财政预算单位签订代理合作协议，实行批量办理；针对商旅类客户、平台会员客户，通过合作平台结合客户"浏览""支付""定位"等场景，以及过往的消费习惯，宣传产品的特殊优惠，向客户进行"弹屏""短信""邮件""微信""链接"等推送；针对高端客户，在机场、网点理财室、健身场所、高端会所等区域开展营销是不错的选择；发行动漫类信用卡，在电影院、玩具城、游乐场等驻点营销；发行体育类信用卡，与大型赛事主办方、运动员进行联合推荐。

小贴士——

有的银行主动走进客户单位开展理财讲座，有的银行和知名商户联合举办促销活动，有的银行针对中老年群体开展健康问诊等，都是为了打造营销场景。个人消费金融场景化，是银行产品经营转型的一个重要方向，信用卡作为个人消费金融的重要产品之一，也离不开"场景"营销。

金句 11 "简化"申请手续

客户如果没有特殊需求，在申请信用卡时，尽可能让客户少提供证明材料，仅提供身份证和填表最好。一方面，银行需要持续加强数字化信息建设，建立健全客户信息核查渠道；另一方面，营销人员需要熟悉各类客户的办卡准入政策，准确把握客户需要提供的材料，并对客户的特殊需求进行备注说明，如优先审核、还款日设置在月底等。

加强办卡准入政策的学习，熟记各类客户申请信用卡的材料？一般而言，包括必备材料和补充材料。

1. 必备材料

（1）亲见身份证原件，扫描或者拍照上传。

（2）指导客户填写申请表（含电子版），并签名。

（3）二代身份证真伪鉴别结果。

2. 补充材料

（1）工作证明材料，哪些有效？例如，收入证明、工作牌、社保、纳税或公积金缴交信息、代发工资流水等。客户的工作信息，如果银行自有渠道能对其进行核实，那就不需要提供工作证明材料，客户仅凭身份证即可办理。

（2）财力证明材料，如何核查真实性？一般针对个体类客户或者想要申请更高额度的客户提供，包括行内外的银行资产证明、房产、车产等。如果规定，证明材料要由营销人员核实并签署核实意见，则营销人员一定要熟悉核查财力证明材料的官方渠道，主动核查或者陪同上门核实，在没有看到确切且真实的核查结果前，不要轻易签字。

> **小贴士——**
>
> "至简至真，至精至远。""简化"申请手续，能够有效减少客户往返补充资料的时间，加快业务办理速度，优化业务流程。营销人员平时要加强学习，准确掌握各类客户需要提供的申办手续，如果客户没有特殊需求，在政策范围内，能让客户简化的尽量简化，提高全流程申办效率，持续改善客户体验。

金句 12 "美化"自己的产品

"美化"产品是一种行之有效的"营销艺术"，并不是胡吹产品和欺骗客户，而是在行情范围内适当地抬高一下产品的身价，把产品的亮点和成绩充分地展示出来，以此提升客户的申办欲望，增加客户的申办决心。

例如，与知名电商平台发行的联名信用卡，描述为"都市时尚生活的象征"；信用卡分期付款，描述为"潮流的理财方式"或者"提前实现某方面的人生梦想"；高端信用卡，描述为"身份的象征"或者"专属的私人银行服务"。汽车类信用卡，描述为"爱车的贴心保姆"。如果你营销的产品曾获得比较知名的奖项、已有多少客户办理或者正在使用、有较长的历史、曾举办过比较知名的活动等，在营销时主动告知客户，这是公信力的体现。

> **小贴士——**
>
> "美化"自己的产品不是吹嘘自己的产品是行业翘楚，也不要打压别人的产品，而是用一种"不浮夸"的生活语言包装加上"真实优秀"的故事进行生动的解读，给客户展示出产品赋予美好生活的一面，这样的"美化"能够增加客户对产品的青睐。

金句 13　"适度"表扬客户

营销过程中，难免有一些客户会谈论"家长里短"，会炫耀一下自己的美好生活和个人喜好，如果你不理不睬，客户会觉得这个人没有礼貌，也不同路。因此，要适度把握好与客户交流过程中"非营销"方面的话题，通过"适度"表扬赢得客户的好感，助力达成信用卡的申请。

当客户谈论的问题比较专业，而你又不懂时，不要随意插话，可以点头附和；当客户向他周围的同事展示自己今天的穿着或者用品时，在大家都喜闻乐见的情况下，你也可以跟着肯定；当客户已经在使用你所在银行的信用卡时，你不能因为他已经办理过了，而不理睬他，应该祝他"用卡愉快"。如果客户有问题咨询你时，你要专业、耐心解答，他满意了，也许他周围的同事也跟着满意了，营销商机也随之来临；当客户向你提出一些信用卡或者其他产品的改进建议时，你要乐意接受，并且真诚感谢客户的提醒。对于一些热点新闻、政治和军事话题等，也许不同客户之间会有不同的看法，既不要表态，也不要明显支持哪一方，但可以展示自己爱国、爱民的情怀。

小贴士——

会"表扬"是一种艺术，掌握不好就变成了吹捧和奉承，让周围的人反感。多学会倾听，多展示谦逊，多表示赞同，多给予鼓励；不当众奉承，不侵犯隐私，不批评抱怨，不妄议政治。工作和生活中，掌握好"表扬"的尺度，可以为达成目标提供正面积极的帮助。

金句 14 拒绝客户要"委婉得体"

发卡银行结合市场和自身经营管理情况，制定了信用卡的办卡准入及审核政策，通过科学选择客户来把握好效益和风险。在营销和审核过程中，会有不少想申办但又不符合申办政策的客户被拒之门外，对于这类客户，拒绝时一定要"委婉得体"，否则会带来一定的伤害。

多向不符合申办条件的客户表述"不好意思""请见谅""下次有机会再办理"等，同时放低音量，不要过多的声张，既要照顾客户的面子，也不要伤了客户的自尊心，更不能让客户因为你的拒绝而发脾气。尤其是对于那些明显有不良记录而不能办理的客户，拒绝时不能直接说"您信用不好或者您是黑名单客户"等直白伤人的话。

有些客户，当时无法判断能否申办，但后来还是没有通过审核，客户收到银行"未能成功办理"的信息后（一般是短信告知或者客户主动通过官网等电子渠道查询审核结果）。在咨询你"为什么没有办理成功"时，一般客户心情都不好，首先，你要诚恳使用"非常抱歉"来稳定客户的情绪，其次，查询没能审核通过的具体原因，再客观但又委婉地告诉客户实情。还有一些原因比较特殊，例如，客户信用良好但因发卡银行过多超过了"总授信额度"，或者信用卡额度使用率过高（名下信用卡已透支额度在信用额度的某特定比例以上，符合高循环风险特征，存在疑似套现嫌疑或者还款压力较大的潜在风险等）而被拒绝，你可以说"您是有这个资质申办的，但银行也是根据有关制度规定，不能超过系统核算的个人贷款总额度或者经常基本抵满信用额度使用，我们随时欢迎在您取消其他银行信用卡或者降低额度使用率后再来申请"。

小贴士——

信用卡毕竟是贷款，银行需要通过政策把握好审核"通过"与"不通过"的关系。对于"不通过"的客户，只是代表他暂时不能办理信用卡，并不代表他不能办理其他业务，不能为银行做出贡献。所以，从银行长远服务客户的角度出发，"委婉得体"地拒绝客户非常重要。

金句 15   平稳化解危机

营销时会有部分客户批评某些银行的产品和服务做得不好，甚至包括你所营销的信用卡。有些客户会向你提出一些中肯的建议，甚至是"指导银行怎么做"。无论客户的意见是否正确，我们都要以包容的心去接纳，并从意见中抓住关键矛盾，妥善解决问题。

客户抱怨时，不要与客户争论。此时，安抚好客户的情绪，在有把握的情况下给出解决办法，目的是让客户把音量降下来，消除他对产品的偏见并解答一些知识盲点，否则就会影响其他客户办理业务。客户的异议有正确的，也有错误的。反驳客户时，要从侧面迂回，直截了当地与客户针锋相对，据理力争，最后可能会两败俱伤，影响产品的申办。确实是银行做得不对之处，也要敢于承认错误，表明接下来"抓紧改进和完善"的态度。上门营销过程中，遇到客户非常认真地核实你的身份时，你也不要紧张，要配合好客户进行核实。客户这样做说明他有申办意愿，只是他不放心，待客户核实清楚后，他和他身边的同事也许就办理了。

营销过程中的突发状况会很多，包括不明客户的闹事，同业之间的无序竞争，自媒体的访问和宣传，被营销单位驱逐等，遇到时一定要冷静地处理，不要让客户觉得你是一个慌张无序的人，让他们来看，也许是一个不值得信赖的人。

金句 16　别诋毁竞争对手

在营销过程中，不时会遇到同业的工作人员出现在同一单位营销信用卡，相互之间无形中形成了一种竞争。从实际情况看，同业之间的产品同质化程度比较高，只是在某段时期的分期费率、用卡场景优惠等方面存在不同，或者少数几款功能独特的产品有一定差异性。

营销时遇到竞争对手的产品，遇到竞争对手的工作人员，或者在诸多与竞争对手业务交集的场合，首先相互间不要诋毁，要互相予以鼓励和肯定。其次在客户面前可以不提对方的产品，如果非要提及，即便是他们的产品没有你的好，用起来优惠也不多，也不能一针见血地指出来，还是要以表扬为主。可能已有不少客户选择了他们的产品和服务，诋毁竞争对手就是质疑客户的眼光。学会同业间互夸和共勉，并且表扬客户的选择。客户在选择你的产品之前，也许还会着重考量你的职业素养，其中包括对竞争对手的尊重。

卓越公众形象的体现。竞争对手快速发展，带给了同业前进的动力。主动向竞争对手学习，在市场打法上可以扬长避短，也可以复制创新。营销人员作为前端市场的主要参与者，要及时收集竞争对手好的做法，并反馈给管理人员。

信用卡营销之资源扩充篇

近年来，虽然多家银行的发卡增速放缓，但现有存量客户，已累积到相当规模数量，数据库目标客户和个人社会资源不能完全满足网点业务发展的需要。专职做直销的人员多处碰壁，营销人员普遍反映可以营销的客户越来越少，没有地方再去，抱怨市场已经饱和。如何不断地发掘资源，让资源延续下去呢？

金句17　从客户身上和客户单位找资源

部分银行网点的工作人员把做数据库营销作为其最主要的客户来源渠道，例如，预审核客户到店后的商机营销。在个人社会资源无法满足长期外拓的情况下，外出营销频率大幅降低。长此以往，养成了"没有熟人不上门"的习惯。

1. 从客户身上找资源

"让客户的朋友成为你的客户"，这是营销界的名言。客户本人也有朋友，也有同事，难免他们同样有办卡需求，关键是通过客户进行推荐，从而找到更多要办卡的人。

如果客户是一个网约车平台的负责人，某购物网站的会员主管，某拥有数万粉丝的网红主播，那么他掌握的客户资源对信用卡营销而言是非常巨大的，他如果能批量推送办卡宣传信息会带来事半功倍的效果。客户在申请表上填的联系人也是一种无形的资源，一般是直系亲属和特别要好的朋友，可以咨询一下客户，他的联系人是哪家单位，是否也愿意办理，如果同意，主动上门服务。平时事先编辑一个带有产品介绍以及本人办卡联系方式的微信，请客户转发到其微信群或者微信朋友圈，做一下宣传，了解他们是否有办理需求，在客户收到卡后再去联系人的单位营销效果会更好。积极请一些热心的"好人"主动帮助你做宣传，介绍本单位和其他单位的客户。

"主动加强与客户沟通，收集营销信息，深入挖掘客户身边的资源"，是一种非常有用的客户资源扩展方式，能为营销提供更多的目标客户。

2. 从客户单位找资源

进入客户单位，如何更广泛地营销客户并成功办理呢？深入挖掘单位资源十分重要，通常包括两种方式：一种是利用好单位自有宣传渠道；另一种是边营销边收集客户信息。

每个单位都有一些信息传达的有效渠道，特别是大型企业和政府事业单位，如微信群、内部网站和邮件、宣传栏、内部办公软件、公众号、广播、食堂等。如果能利用好这些渠道，通过单位进行营销信息推送，效果会好得多，毕竟里面有单位的公信力和号召力。这些单位的人事部门、宣传部门、办公室、财务部门、工会掌握着重要的宣传资源。

营销过程中，要加强与客户的沟通，例如，问一下客户单位现有多少人，作息时间，每栋办公楼大概有哪些人在上班，家属区在哪里，在其他地方有没有分厂或者分部，最近有没有大型的聚会和集中学习，哪里是员工的必经之路等。有时候问一下单位的保安或者门卫，也能收集到大量有助于营销的信息。要养成在营销中询问和收集信息的习惯。

小贴士——

部分营销人员抱怨找不到营销目标，无处可去时，可否认真思考一下，原来去过的那些营销单位完全深入挖掘了吗？联系一下那些成功办卡的客户，关切地询问用卡情况，然后再去单位营销一次效果又会如何？有的时候，通过银行与营销单位的联谊合作，日常做好单位负责人的个人金融服务，单位会拿出更好的内外部资源。

金句 18　从"二次营销"中深挖资源

"二次营销"是一种重要的营销方式，也是不少营销人员容易忽视的信用卡营销途径，这是对客户资源的再深入挖掘，对客户单位宣传和营销的再深入覆盖。结合客户单位的实际情况，把握好"二次营销"的切入点，将其转化为有效的客户资源，能够有效提升产能。

1. 驻点转上门

在银行网点驻点，在超市驻点，在联谊单位驻点，在加油站驻点，在汽车经销商驻点，在开展活动的商户驻点……主动在人流量大、客群质量较好和信用卡业务有关联的地方驻点营销。如果客户当时没有带或者没有带齐相关证明材料，可以留下其联系方式，然后以给该客户办卡的名义到其单位进行营销。其实有时候客户提交了完整的材料，只要发现他单位的人多并且相对优质，也可以通过回访客户等方式到他的单位，营销客户单位的其他同事。

2. 适当地进行"回头营销"

营销时你发现没有办卡但犹豫的客户比较多，则当第一批客户完成申办并成功收到卡后，你可以带着用卡优惠活动宣传单以"售后用卡服务"的名义再一次上门，然后开展营销，这样成功率会更高。一方面，这个单位收到卡的客户对你充满了信任，形成了口碑；另一方面，有些客户看见别人有卡了，且享受到了一定的优惠，他也会想，"其实我像他们一样拥有一张也无妨"。对已有卡客户的电话回访或者实地回访，也是赢得更多客户的重要方式。

> **小贴士——**
>
>   每个人的社会资源都是有限的，一段时间后就会用完，需要通过各种渠道发掘和积累客户资源，持续找到更多有办卡需求、符合办卡条件的客户，持续保障和提升营销产能。所以，在营销过程中要"多观察，多思考，多发掘，多积累"，这对拓展客户资源是十分重要的。

金句 19　学会利用天然资源

    营销人员首先要学习和了解办卡准入政策，其次要根据政策去找寻符合条件的"天然资源"。"天然资源"指公共资源，是公众能查询得到和有效利用的资源，这样的资源很多，只要平时认真关注，收集整理，认真归纳，它就会成为源源不断的营销目标。

    登录发布单位信息较齐全的网站、电子黄页、企查查、移动集团Ｖ号簿、放大百度地图等，你会发现有大量的单位是平时没有想到的，等待着你去营销。随着城镇化建设进程的不断加快，每年都会新增大量就业人口，这给信用卡营销提供了大量的目标客户来源。例如，在人才招考网站上发现符合银行准入条件的单位要招聘人员；政府、事业单位、国有企业，在他们公布人员录取名单后就是你的营销契机。

    喝牛奶时，思考一下生产牛奶的企业职工是否符合办卡条件，如果是国有企业职工，一般都可以。在上下班路上，看到接送职工的交通车，可以主动去了解一下单位情况。机场、车管所、高铁站、政务中心、中高端热门餐饮店、健身房等客户相对优质、人流量大的地方，思考一下"如何才能去驻点营销"或者摆放扫码办卡的宣传。代表银行参加会议和活动时，多与周围的人进行交流。在移动集团 V 号薄和企查查搜寻单位的联系电话，这是获取联系方式的有效方法。主动加入客群质量较高的微信群、聊天社群等去收集信息，借助网红主播或者自己开设视频号适时宣传产品，请朋友在其朋友圈、微信群里面推送您所营销的产品及本人联系方式。

小贴士——

"世上无难事，只怕有心人。"没有来网点办理业务且符合办卡条件的客户还很多，关键在于你"如何精准找到他们，并成功营销他们"。优质客户往来集中的场所、饭局、社群等也是很好的契机，关键是生活中要"多留心"。

金句 20 "留有余地"也是资源

在营销过程中，被客户拒绝是非常正常的事情，尤其是被前文所述的那些"值得营销的人"和"好人"拒绝。对再次营销而言，其实他们也是潜在的目标客户。要留给客户一个良好的印象和一个再次办理的"活口"，以便有机会再次营销，这就是"留有余地"。

营销过程中，时常出现被客户拒绝的情况，这很正常，这时，你不能太丧气，甚至发脾气，要恭敬地离开，多用"不好意思打扰了""有机会再办理"等话语。上门营销时，对于资料不齐全或者当时拿不定是否办理的客户，多用"您如果有需求，可以到我们的网点或者联系我再上门办理"等。如果是在网点，就欢迎客户随时再来，添加联系方式和推送相关产品介绍，给客户留下一个良好的印象，说不定客户下一次想申办时，第一时间想到的就是你。

小贴士——

去一个单位回头再营销时，时常会发生一种情况：上次未办理的部分客户，这次也同意办理了。营销时"不要把话说得太满"，其实也是指营销要"留有余地"。从营销的角度看，客户虽然今天拒绝了你，并不代表永远会拒绝你，并不代表客户永远不使用你所在银行的产品，所以，"留有余地"也是一种资源。

信用卡营销之心理认同篇

事实上，向客户营销信用卡的过程，不只是产品介绍、你问我答式客户选择，在一定程度上也是一个心理较量和心理认同的过程：首先是洞悉客户的申办需求，消除客户的抵触心理；其次是激发客户的申办欲望，获得客户的心理认可，引导客户进行申请，直至最后办理成功。

金句 21　照顾多数人的心理对营销有好处

随着新鲜血液的加入，多数单位的人员特质会随之改变。每个人的生长环境，周围朋友圈的影响，受教育程度，民风习俗，消费习惯等各有不同，从而形成了不同的价值观和世界观。所以，和客户谈及与营销无关的事情时，一定不要以偏概全，随意表态，要学会照顾多数人的心理，否则会在不经意间得罪其他客户。

在营销过程中，不时会有客户问，"可不可以选一个好的卡号？带8多一点，或者能不能把我小孩的生日印上去"。这时你要根据银行的卡号生成流程来准确回答。有的时候，你和A客户热聊小孩的教育、娱乐等，不经意间中伤了坐在旁边但一直没有小孩的B客户。有些客户是少数民族，因此，在谈论美食时不要过多地展示对各种食物的了解，不要认为某些美食是最好吃的，个人品位和宗教信仰也是不可忽视的因素。即便你和单位的某人熟悉，也不要过多地向其他客户表明你们之间的特殊关系，因为不清楚他们的相处情况。不要随意表扬某人，随意崇拜某位突出员工。要知道，同一个单位部分人之间或多或少还是会存在一些矛盾。有职务的客户最好称呼职务，记不住名字的可以称呼"先生、女士"，在某些特殊单位可以直接使用统称，例如，老师、医生、律师、警官等。

小贴士——

工作和生活中，会遇到一些有特殊情况的人，他们对某些事物存在着不同的观点和看法，这很正常。一个处事圆润且比较受大家欢迎的人，一定是在说话上谦逊得体，在工作上拿捏有度，很会照顾大多数人的心理，这种人往往更容易得到大家的心理认同。

金句 22 主动提问摸透客户的真实需求

部分营销人员在推荐产品时，一来就滔滔不绝介绍信用卡的透支功能和用卡优惠，给客户造成了反感。其实有时候不是客户不想办，而是客户想要办一张能满足需求的信用卡。讲解了很久没有契合到客户的需求上，也不了解下客户到底想办一张能够带来什么好处的卡，达不到客户的心理预期，最后客户也懒得问你，有可能还嫌你烦，导致营销失败。

主动向客户提问，"我行信用卡功能齐全，可以选择的卡种很多，能满足多方面的金融和非金融需求，请问您有哪方面的需求，看下我们的信用卡能否为您提供相应的服务"。或者结合提供的权益或者优惠活动来问询客户："您平时打车吗？使用我行信用卡每月有 4 张 5 折打车优惠券，每次最高优惠 10 元；您平时点外卖吗？使用我行信用卡每月有 3 次满 20 元减 5 元优惠；您平时到某网站看视频吗？使用我行信用卡可赠送 3 张 20 元的会员代金券"。当你知道客户需要的是什么，你就找到了客户的申办动机，而你所推荐的信用卡又具备这个功能并能提供相应的服务，再给客户进行详细的阐述和展示，这样成功营销就变为了可能。

每个客户办理信用卡的动机是不一样的，有些是为了应急使用，有些是为了资金周转，有些是为了分期付款进行大件采购，有些是为了方便出国用卡，有些是为了子女留学，有些是为了享受平时的用卡优惠，有些是为了使用卡片的特殊功能和享受相应的权益（如某平台的 VIP 会员待遇，代扣交通罚款，三甲医院预约挂号，免费道路救援，机场贵宾室服务，积分换礼等），有些是为了通过用卡消费来改变信用记录，有些是为了收藏卡片，有些是为了帮你完成任务，有些是听说你们银行的卡片安全保障不错想体验一下……

小贴士——

> 有些客户喜欢吃酸李子而不是甜李子，虽然你也有酸李子，但你主要推荐的是甜李子。不清楚客户的口味，客户以为你没有酸李子。营销时，不要自己一直讲，不要完全以自己的想法去判断客户，通过主动向客户提问，摸透客户的真实需求。客户的需求才是申办动机，满足客户需求是获得客户心理认同的一种重要方式。

金句 23　抓住客户给予的营销信号

客户给予的营销信号包括语言、动作、文字、表情等，营销信号其实是一种重要的心理暗示——"有申请意向"，它表明营销时机的到来。要学会洞察和捕捉营销信号，再通过合理的解答抓住客户释放的申办动机，促使客户下定决心，最终达成产品销售。

常见的信号有以下几种：

1. 提出产品的申办和收费类问题

客户问"这种卡如何办理、需要交多少钱、有没有保底消费、使用过程中有没有额外费用、怎么还款、多久才能办下来等各种问题"。

2. 着眼于产品的细节

在这些地方可以打折吗？你们平时的活动还挺多啊；可以分期付款买车啊，哪些车型参加？取现出来怎么收费，平时利息怎么算？你们银行网点少如何还款才方便？怎么知道你说的优惠是否真实有效？有没有官方查询渠道；以后不用了怎么退？

3. 客户调整自己的姿势

例如，手揉下巴，仔细阅读产品介绍并不时提问，找身份证，略带微笑地看着你，沉思，转来转去，拿出纸笔请你教他计算免息还款期等。

小贴士——

"事以微巧成，以疏拙败。"世界上有样美好的东西叫做"运气"，有不少业绩突出的人也得益于"运气"的帮助。其实，运气也是可以"创造"的。抓住客户给予的"营销信号"就是创造运气的一种重要方式。只要你用心观察细节，抓住营销时机，运气也就来了，关键还是在于你自己。

金句 24　让客户感到办得"值"

让客户感到办得"值"，是营销方式的一种升华。营销人员心里面要有一本"明白账"，最好把这本账通过数据展示给客户，让客户更直观了解这个产品的好处。从消费者权益和经济实惠的角度看，让客户感到"值"，能为后续的高频用卡并成为主账户提供重要诱因。

不少银行通过与国际卡组织的合作，例如万事达，赋予了部分高端卡畅刷全球的服务，这给不少有商旅出国和留学需求的客户提供了极大便利，满足他们国外用卡的需求。其实，卡片本身还具有全球消费人民币自动购汇入账、还款只存入人民币等服务，客户知道后会觉得还款很方便。如果你告诉他可以免收货币转换手续费，例如，消费 2000 英镑大概能节约货币转换手续费人民币 260 元，他会觉得"值"。

还有部分收年费的中高端产品，要将每年客户能享受到的权益或者优惠折算为数据，例如，免费进入一次机场贵宾室大概多少费用，赠送一次保险大概多少费用，优惠洗一次车大概多少费用，平时领取优惠券大概能节约多少费用等，清楚地展示给客户，这样客户才能结合自身情况，进行深入对比，综合考虑是否值得办理。

小贴士——

"值"不仅仅是产品和服务性价比的展现，更是契合客户需求、促进客户办和用的有效方式。如果说"解决客户需求"是营销的一项重要心理切入点，那让客户感到"值"，就是一种"调动客户申办兴趣，激发客户申办愿望，解除客户心理障碍，获得客户心理认同"的高级营销方式。

信用卡营销之高效技巧篇

"技巧"的背后是"实干加巧干",它包括言语、心理、动作等多个方面,如同使用杠杆,不仅省力还能发挥大作用。要在营销中不断总结,将好的营销方法汇集起来,成为技巧,并熟练运用,持续带动营销业绩的增长。"技巧"没有最好,只有更好,也无定式,它需要在营销中不断总结和提炼。

金句 25　问得巧能销得好

"问得巧"是一种快速、准确了解客户需求的重要方式,提出的问题必须精炼,亮点突出,能够快速切中客户"要害",客户就会形成"条件反射",按照既有的方式与你交流。仿佛客户已经是你成功营销的对象了,只是他在选择更适合自己的产品和服务。

1. 二选一提问法

(1)营销人员:"您是选择在国内外通用的××卡,在境外交易免除外币兑换手续费,还是选择平时在国内使用,但是优惠比较多的××卡呢?"

客户:"还是选择国内用的吧,平时很少出国。"

(2)营销人员:"您看联系人是填您的妻子还是您的子女呢?"

客户:"妻子。"

2. 卖点吊胃法

(1)营销人员:"我们银行正在发行一张高速公路通行费用自动扣

划、每周六加油满 200 元减 20 元的信用卡。"

客户："哇，这么好啊，怎么办理呢？"

（2）营销人员："您请看一下，这是我们每周四的 5 折优惠活动，像某奶茶、某水果店、某烤肉店、某超市这些参与活动的商户，平时您去吗？"

客户："某奶茶店，我经常去，怎么才能享受优惠呢？"

3. 需求跟进法

营销人员："您好，请问您换这么多美元做什么了？"

客户："女儿最近要出国留学，换点美元。"

营销人员："那您还不如给她办一张能在国外使用的信用卡，不用带这么多现金，可以用于交学费、购物、乘车等日常生活消费，相对现金更安全，还能应急，使用过后直接用人民币还款就行。"

客户："这么方便啊，怎么申请呢？"

4. 痛点解决法

营销人员："您好，×总，我看见贵单位的职工平时在食堂用饭卡拍卡消费，用完了要到指定点去自行充值。我们行上线了智慧食堂，职工手机扫码就餐、在线充值、财务后台对账，该功能免费使用，还可以通过信用卡刷卡就餐。"

客户："智慧食堂能给单位和职工带来很多便利，我们抓紧对接研究。"

小贴士——

"善问"是一种和客户打交道的有效方式，它既是高效的谈话技巧，也是高效的营销技巧。通过"探究客户的核心需求"去问，"围绕解决堵点痛点提供方案"去问，"先展示好处后嵌入产品"去问。总而言之，"善问"是一种技巧，平时要洞察思考、抓住要点，并做到有的放矢地解决问题。正所谓，"问得巧"也能销得好。

金句 26　根据申请准入政策组织营销话术

根据申请准入政策组织营销话术有几点好处：一是间接"表扬"了客户，称赞客户是本行的优质客户，为成功营销增添了砝码。二是营销目标明确，只要资料齐全，客户信用良好且没有过高负债，就能保证审核通过。三是手续简单，让客户和营销人员都能感觉到申请的便利。

你所在银行信用卡申请的准入政策规定："省内正在缴交住房公积金的客户是重要的营销对象。凡是月缴额（个人＋单位）达到300元及以上的客户，连续缴交满半年，可仅凭身份证申请信用卡。"在网点办理业务，只要发现来柜面办理业务的客户在25～55岁，穿着较为端庄，你不妨问他："请问您缴纳住房公积金没有？"客户回答："有。"然后你告诉他："缴纳住房公积金说明您具有良好的职业和稳定的收入，您是我行的优质客户，您可以仅凭身份证即可申请一张我行具有……功能，享受……优惠信用卡"。同样，你也可以主动找寻一些缴交公积金的单位上门做批量营销。

政策规定："本行代发工资的客户，连续代发满半年，最近三个月月均代发不低于3000元及以上的客户，可仅凭身份证申请信用卡；本行在贷房贷客户，连续还款满半年，且最近半年还款正常，可仅凭身份证申请信用卡。"同理，在了解客户个人基本情况后，对于符合条件的客户，根据上述政策组织营销话术，开展营销。

小贴士——

根据申请准入政策组织营销话术，客户选择精准，申办手续简单，非常适用于上门批量营销和电话营销。上门营销要事先弄清单位的情况，例如，它是本行的代发工资单位，本行是他们公积金、养老保险的托管银行等。所以，平时要认真学习和熟练掌握好申请准入政策，有助于提高营销成功率和审核通过率。

金句 27　"适当炫耀"是重要的吸客方法

当营销人员成功营销了一些客户，不妨把他们所填的申请表（含电子版）进行简单的展示（不要过于公开，简单念一下名字翻一下就行，因为上面有客户的详细资料），以此增加下一位客户的申办决心，这就是"适当炫耀"。如果该单位的领导也申请了，适当炫耀的效果会更好。

"面对无法确定的事，您是愿意相信一个普通人，还是相信权威？"答案肯定是后者，这就是所说的"权威效应"。"从众"是由公众舆论和多数人价值观导向而引起的一种行为价值走向，最后就演变成了"跟着权威走，跟着大伙走"。所以，适当"炫耀"有时能引起"从众效应"，因此能赢得更多的客户。

营销时，建一个单位的服务群，结合银行开展的限名额优惠活动广而告之，例如，办卡礼、首刷礼、立减金、代金券等，通过接龙报名、小程序登记报名等方式，引导客户迅速聚拢起来，炒热氛围。302 室，王某需要办理，请 17 点来；骨外科李某已成功办理并完成 3 笔交易，请将首刷礼送过来；三车间宋某首刷达到 66 元，请将代金券派发至手机号码×××。

另外，有许多营销人员都会经常碰到一个关键性的问题——到达一个单位后先营销员工还是先营销领导？

笔者建议，如果你和单位领导不熟悉，不了解领导的性格特征，还是先营销员工，在确保有足够"产量"的情况下，再考虑营销领导。因为领导拒绝你，有可能请你离开，那就是一个单位都拒绝你。当然，如果领导被你营销成功，你后面的营销效果可能会更好，会有不少人跟着办理。最好还是先从员工那打听一下领导的性格和作风，再行决定。有时候，单位门卫的态度也能侧面反映领导的行事风格，结合各类信息综合判断后再选择从哪里入手，成功的把握会大一些。

小贴士——

适当"炫耀"是一种"滚雪球"似的营销方式，它是通过"已经申请"的人去带动"没有申请"的人。随着申请的人越来越多，权威性越来越强，宣传效果会更好，雪球越滚越大。因此，有时候适当"炫耀"一下，能获得事半功倍的效果。

金句 28 "故意"营销是高效的技巧

"故意"营销，是不少营销能手在营销过程中经常用到的营销技巧，它的要点是"有意而为""借势而为"和"打造氛围"，目的是把周围的许多"无关者"吸引进来，让他们也浸入到热闹的办卡氛围中，并跟着办理信用卡。

这里举四个"故意"营销的例子：

1. 明知在那里，故意从旁问起

当某客户邀请你到单位去办理信用卡时，你明知他在哪间办公室，也故意到他周围的办公室问一下他的办公地点，并说明"他邀请你上门办卡，办张十分优惠和实用的卡"，这样会引起他周围同事的兴趣，借助为他办卡之名进行宣传，以达到更好的宣传效应。

2. 不要埋头"办"，还要抬头"看"

当某客户正在填写申请表（含电子版）时，不要一直只盯着客户填表，要眼观八方，观察他周围同事正在做什么，并进行适当的"吆喝"，适时抽空到他附近办公室进行宣传，让附近的人也跟着围观过来，一起"凑热闹"。

3. 主动大声说，"好事"传千里

当你给客户解释信用卡的相关功能和优惠时，可以适当地放大音量，引起他周围同事的兴趣；当你解答客户的疑惑时，在有把握的情况下，适当地放大音量，让客户满意的同时，也让他周围的同事跟着赞同。当然，这要结合周围的环境，不要影响别人上班。

4. 明日继续办，我在那等您

今天在办理过程中，有部分客户没有带证件，有部分客户还在犹豫。可以请单位的"好人"在群里面帮忙告知一下："明天早上某某银行工作人员还会有继续来办卡，请有意向的员工携带身份证自行到会议室办理"。借助单位的宣传渠道，持续营造热火朝天的办卡氛围。

小贴士——

"故意"营销是一种"广而告之"似的营销方式，需要主动走进客户单位，经过认真策划后的"有意而为"。通过"想要申请"的客户和"正在申请"的客户去带动"没有申请"的客户。"故意"营销能为成功营销更多的客户带来很大帮助。

金句 29 "先优惠后产品"十分必要

"先优惠后产品"指在营销过程中，先不用介绍产品，精炼摘取最优惠的亮点，先介绍优惠，客户感兴趣后，再由优惠去引出"通过办理某款信用卡得到该项优惠"。因为信用卡已是很多客户司空见惯的产品，如果营销人员一上来就直接说"办张信用卡"，有可能还没有等到你说到这张信用卡的优惠时，客户就已经告知你"不办了"。

1. 先介绍最优惠的促销活动

营销人员："您好，先生，最近油价还维持在 8.3 元 / 升左右，预测

短期内油价大幅下调的可能性不大。我们银行正在做活动，每周六用卡加油满 200 元减 20 元。"

客户："谢谢，怎么才能享受优惠呢？"

营销人员："您可以申请一张我行的 ×× 信用卡，现在起至年底，每周六上午 9 点在易捷加油 App 石化钱包中充值享受满 200 元减 20 元优惠，先充先得。"

客户："好的，申办需要什么手续？"

2. 先介绍最优惠的权益

营销人员："您好，女士，请问您平时打车吗？我们银行正在与 ×× 打车平台合作发行联名卡，申请后一年内，每月可领 3 张 5 折打车券，每张最高优惠 10 元。"

客户："5 折？这也省不了多少啊。"

营销人员："这是我们银行针对该款产品配置的专属权益，如果您经常打车，一年下来能节省不少。"

客户："嗯！算下来一年可领 36 张券，还是能节省不少。那如何才能申办呢？"

3. 主动告知非信用卡的优惠

营销人员："您好，先生，请问您有我们银行的住房按揭贷款吗？近期要针对存量房贷客户调低贷款利息，如果您有，请抓紧到网点申请一下，每月能节约不少利息。"

客户："好的，谢谢。"

营销人员："我们现在上门服务，办理信用卡还能享受加油、打车、购物等很多优惠，信用良好的房贷客户仅凭身份证即可申请。"

客户："好的，请您详细介绍一下。"

营销人员："我们银行针对个体经营户、外卖小哥、网约车司机、网络主播等灵活就业人员，开办公积金缴存业务，买房能够享受公积金低息贷款，缴存还有专属利息补贴，缴存的公积金还能抵扣个税，欢迎到网点办理。"

营销人员："如果您平时卡里面的零用钱在 5 万元以下，建议您购买我行明星理财产品×××，综合年化收益率 2.2%，远高于活期利息。购买无门槛无手续费，风险极低，消费支付时如果活期余额不足，可以自动赎回补齐完成支付，平时想赎回时，实时到账，稳健方便。"

> **小贴士——**
>
> 多数情况下，吸引客户的不是信用卡本身的透支、免息和周转功能，而是产品自身的优惠权益和银行的综合化服务水平，包括非信用卡产品提供的多种服务。当今，全国在用发卡数量约 7.67 亿张，信用卡已是常见金融产品，如果把信用卡的基本功能作为宣传重点，很大程度上会适得其反。所以，先介绍优惠，后引入产品，十分必要。

金句 30　宣传也要"接地气"

在银行营销宣传中，申请表、折页、合同等经过法律事务部门审核过的文字，尤其是客户和银行之间的责任条款，密密麻麻，甚至上千字，客户仿佛是在和律师打交道，而时尚、大方、白话的文字以及动态的图案非常少，让客户感受轻松、活泼的氛围元素植入不多。

部分电商平台年末给每位客户制作的"年度总结账单"比较"接地气"，既有流行元素、动漫内容、消费总括，也有情感植入。客户阅读时，能感受到"人文关怀"，回忆起今年本人为自己和家庭做了什么温馨的事情，这值得很多单位学习和借鉴。

　　到一个数百人甚至上千人的大型单位营销信用卡，尤其在一线车间，如果继续使用银行标准版的信用卡宣传折页，很难让各个层次的员工都能简单明了地看懂信用卡的好处。建议自制一张宣传单，见人就发，或者请职工在微信群里面广而告之，在各个车间进出的必经之处张贴，要通过宣传让单位大多数职工都知道"你上门办卡"的事情。通常情况，只要有一部分人开始办理，"从众"效应会逐步显现，营销的效果会更理想。另外，如果车间不让进，或者车间特别繁忙，宣传单仍然照样发，但必须在单位驻点营销，位置一般在厂区大门、食堂、交通车上下点、生意较好的超市、职工家属区和宿舍等必经之路上。如果能将宣传信息挂在单位内网，或者通过单位的广播、微信、邮件、黑板报、内部办公软件等渠道进行宣传，则效果会更好。

　　在大型单位营销信用卡，一定要在宣传上形成氛围，让"信用卡"成为单位职工热议的话题。申办时要热火朝天，最好有员工围观，并进行频繁的交流。通常情况，亮点突出，解释到位，容易成功，并陆续承接好"跟风"办理的客户。切记，别欺骗客户，别说错话，别有不文明的行为，客户不办的"从众"效应也会很明显。以下是宣传单内容范例。

　　正面：

喜　报

　　××银行为贵单位广大职工提供上门办理××信用卡服务，该卡具备××功能，可享受××权益，成功办理后通过绑定××App每天可抢加油、外卖、美食、商超、打车等优惠券，还可以参加不定期举行的多种用卡优惠活动。对于有装修、购车、消费等大额贷款需求的客户，也可提供专业服务。平时请关注××公众号了解相关优惠信息。

　　该卡可透支消费，不开卡不收年费，开卡后每年（成功办卡后对年对月，以此类推）不限金额、不限地点用卡 × 次可免年费（如去超市分 × 次刷卡买 × 包酱油，或者网购付款 × 次）。没有保底消费，无须提前存款，刷卡透支消费后可享受 × 天至 × 天的免息期。

仅凭身份证和 × 即可在单位 ×× 处申请。

×× 银行

202× 年 × 月

联系人：×××

联系电话：×××（欢迎用该号码添加微信，竭诚为您服务）

单位地址：×××

背面：

印上银行近期重点推荐的产品或者优惠活动，以及需要下载 App 的二维码，银行发布优惠信息的微信公众号，邀请客户扫码进入某某用卡优惠群等，这样宣传效果会更好。

"喜报营销"一定要和银行的信用卡办卡准入政策结合好，例如，有的银行规定，缴纳公积金的客户仅凭身份证即可申办；有的银行规定代发工资的客户仅凭身份证即可申办；有的银行要求凭工作证明和身份证进行申办。还有的银行要求提供社保信息等。宣传时，最好引导客户来办卡前一次性把资料准备齐全最好。

喜报内容没有定式，但产品亮点和申办手续必须列明清楚。这里强调的是：营销大型单位最好先和单位沟通一下，可以证明您的真实身份。宣传内容可以摘抄一下产品折页上的精华部分，但要特别注意利率、期限、优惠内容、名额等数字展示的规范，防止有的客户没有实际享受到优惠而质疑您的产品，甚至投诉。

小贴士——

大、中型单位信用卡营销的核心：用相对简练和通俗的文字，让各层次的客户能够简单明了看懂申办信用卡的好处，这就是"接地气"。除了地铁、楼宇、电视等传统广告外，部分银行大量通过动漫、直播、短视频、场景App、新媒体社交等"接地气"的方式投放广告宣传，因为这种方式更能植入客户的生活，接受程度更高，成功营销的可能性更大。

信用卡营销之网点提效篇

足球比赛中，有主队和客队之分，主队拥有主场优势。对于员工而言，网点就是主场，占据"天时、地利、人和"，与外出营销不同，在"主场"营销至少不会胆怯，底气更足，即便出现问题，周围的同事也可以帮助你协调解决。在网点营销信用卡，也要讲究方式方法，结合客群特征，做好数据营销，有效组织话术，强化服务跟进，加强情感沟通。

金句 31　结合客群特征开展营销

在多数县域，发卡银行只设有一两个网点，甚至没有开设网点，县域客群特征相对明显。但在城市，每个网点周边的客群特征或多或少存在差异，有些网点在社区楼盘中，有些网点在写字楼附近，有些网点紧挨着重要的企业或者政府事业单位，有些网点在商贸区附近。因此，每个网点要集思广益，根据周围客群特征总结出一套相对适合的营销话术。

对于附近的居民，你可以说"平时去超市买菜，上网买东西，缴纳物管费等，用信用卡支付比较方便，等发工资了再一并还"。对于私家车主，如果有专属汽车类信用卡，可以说"信用卡是您爱车的贴心保姆，可以享受加油或充电优惠"。对于中小企业主，可以说"信用卡是小额贷款，便于资金周转"。对于公职人员，可以说"使用信用卡优惠多，吃喝玩乐购一卡尽享"。对于喜欢购物的女性，可以说"信用卡是时尚人士的标志，都市生活的象征"。对于 30 岁以下的年轻人，可以说"信用卡除能够提供多种用卡优惠，还能通过购车、装修等分期贷款，提前实现人生梦想"。对于年纪稍长的人，可以说"信用卡能够应急使用，关键时候不用找人借钱，省去很多麻烦"。

另外，网点可以结合周围客群特点，例如，与小区附近安装汽车充电桩的公司、知名商户联合开展用卡优惠活动，形式包括"立减、折扣、抽奖、电子代金券、社区活动、会员升级等"，以此带动发卡和用卡。

> **小贴士——**
>
> 结合客群特征开展营销是一种比较务实的营销方式，它把信用卡的功能、权益、优惠活动等拆分开，分类开展针对性营销。当然，也会存在部分客户有个性化需求，遇到这类情况，要耐心给客户解答，营销话术没有定式，但需要做好综合服务。

金句 32　做好大数据精准营销

为了全面提升营销效率，简化申请手续，实现精准营销，如今多家银行均建立了精准营销系统，导入目标客户信息，目标客户到网点办理业务时，给员工进行"营销商机提示"。信用卡作为大数据营销的重要产品，当仁不让地排在其中。网点是做好大数据精准获客的重要阵地。

1. 勤动手

客户到网点后，按照银行的系统设计，一般至少有一个渠道会进行营销商机提示，包括排队叫号小票、系统弹屏、向员工手机发布商机信息等，但往往由于繁忙、未留意等原因，部分员工浪费了不少商机。所以，凡是涉及有"商机提示处理权限"的员工，无论是被动查询还是主动点击，一定要加大商机识别和处理力度，保持商机处理率在一个合理的水平。上级机构也要加大商机提示处理率和营销成功率的考核。

2. 勤开口

收到商机提示后，员工要主动开口向客户推荐产品，牢牢把握好以下"四步曲"：首先是表扬客户，"您好，您是我行的优质客户或者某优质单位的员工……"；其次是介绍产品的好处，"您可以免费申请一张具有……功能，享受……优惠的信用卡"；再次是解答客户提出的问题，例如，"你们这张卡怎么收费，你说的优惠在哪里可以查询，平时用卡过程中遇到问题怎么处理"等；最后是指导客户填写申请表（含电子版），完成申办。

高柜简单介绍产品后，引导客户至产品经理或者大堂经理处，请他们协助做好营销。在高柜办理，可能因为"指导客户填表"容易耽误后面的客户办理其他业务。营销话术没有定式，但步骤基本如此，关键是要勤开口。

3. 勤宣传

在网点的客户等候区，开展主动"查一查""扫一扫"活动，针对等候业务办理的客户，"请您主动拿身份证到××柜台查一查，看看您能贷多少款？""请主动扫一扫二维码领取微信和支付宝立减金，绑定信用卡即可使用"等。员工查看排队叫号小票上"贷款类产品"的商机提示，银行通过短信、微信、手机银行等向到店客户推送信息，这都是营销信用卡和分期等多种产品的有效方式，也会增加员工的营销成功率，提升产品销售量。不要让客户在网点等候业务办理时总是低头玩手机。

4. 勤添加

不少银行建立了企微直营渠道，通过摆放在网点、商户、线上等渠道的场景二维码，邀请客户扫码添加直营客户经理的企微，或者由直营经理通过电话主动联系数据库的目标客户添加企微，持续扩大企微客户数量。对于没有办理信用卡的客户打上"未办信用卡标签"，不定期推送办卡和用卡的优惠信息，邀请成功申办的客户到网点面签等。

> **小贴士——**
>
> 　　随着银行数据采集和分析能力的持续提升，大数据应用的不断深化，大数据精准营销已成为银行信用卡获客的重要方式，而网点是银行大数据获客的最重要阵地之一。网点要充分利用大数据"涉及面广，目标精准，申办简单，审核快速，授信智能"的特点，发挥大数据在营销中的"超能量"。

金句 33　"配套"营销信用卡

　　来网点办理业务的客户，信用卡并不一定是他们的直接需求，他们的需求多种多样，涵盖开户、开通手机银行、贷款、汇款、缴费、取款、购买理财或者国债等多个方面。解决客户其他方面的金融需求后，再"配套"做好信用卡营销，也能有效带动信用卡业务的发展。

　　部分客户到网点需要银行协助出具相关证明材料，或者打印某些资产凭证，例如，开具房贷还款计划书用于提取公积金、开具缴存证明申请出国、办理贷款等，在给客户出具相关证明后，可以请客户申请一张信用卡；办理贷款类业务，如房贷、车贷、个人抵押贷款和小微企业贷款，以及耗时较长、比较烦琐的业务，或者有名额限制的高收益理财产品，同步给客户推荐信用卡，有时候客户也不好"拒绝你"。信用卡也可作为一项享受优惠的支付工具，例如，在办理某些产品后，理财经理向客户发放了 3 张 50 元微信立减金券，但必须在支付时绑定信用卡才能使用。

　　"配套"做好信用卡营销，某种程度上降低了营销难度。它既是一个有效挖掘信用卡客户的路径，也是一种银行降低信用卡营销成本的有效方法。"配套"做好多功能的产品适配是银行发挥综合化经营优势，实施"一体化"经营的重要方式，"一体化"经营也是当今银行综合化经营转型的必然选择。

金句 34　与犹豫型客户保持联系

　　对于网点而言，大约有 20% 的客户经过营销会立刻办理信用卡。大约有 50% 的客户是"值得营销的人"，他们属于"犹豫型"客户，部分客户经过认真解释后会办理，部分客户当时不会办理，但经过深思熟虑或者再一次营销后，极有可能会办理。网点的目标是让这部分客户"回头"办理。

　　和"犹豫型"客户主动交换联系方式，大约一周后主动向客户发送信息或者进行电话联系，问下客户是否有信用卡或者其他方面的金融需求。建议网点工作人员要主动添加客户微信，这种方法有两大好处：一是网点平时营销时间有限，不可能为一个"犹豫型"客户耽误太长时间，要让这部分"犹豫型"客户离开后，又想办信用卡时想起自己；二是即使信用卡营销不成功，您也可以在与客户后续交流时择机推荐银行的其他产品。微信不要只发姓名、联系方式、热情问候等常规内容，建议补充发送以下内容：

　　"您好，欢迎随时咨询信用卡、个人理财、个人贷款等金融服务，如果因工作繁忙未能及时回复请谅解。"

我行现推出××App，欢迎扫码下载注册后，每天可抢加油、外卖、美食、商超、打车等优惠券，还可以参加不定期举行的多种用卡优惠活动。平时也可关注××公众号了解其他产品和优惠信息。上述方法同样也适合推荐银行的其他产品。总之，与客户保持信息沟通很重要。

"跟进"营销是银行对公业务营销中的一种重要方法，但不少营销人员，不太愿意做信用卡的"跟进营销"，尤其跟进零星客户，认为耗时耗人力，宁愿多花些精力去做项目营销。与上门营销不同，通过"跟进营销"日积月累，做大潜在客户总量后，会引导源源不断的意向客户前来网点找您办理业务。

> **小贴士——**
>
> "跟进"营销是对客户持续服务和综合化服务的体现，有可能促成信用卡、账户、存款、理财、贷款等多项业务的达成。通常情况，工作5年内的员工，社会资源非常有限，但如果他通过"跟进营销"添加了上千位客户的微信，平时为他们做好线上服务，从长期看，他的产品销售业绩一定不会差。

金句35　先进带动后进

信用卡业务发展到一定阶段，即便在同一家银行，都会出现下辖机构发展得参差不齐，总有一些网点做得好，总有一些员工做得好，好的常常是"越干越好，年年都好"，系统先进、数据精准、方法到位、员工勤奋。后进的网点如果不下定决心迎头赶上，则差距会被越拉越大。同业之间竞争也是这个道理。

1. 请进来学

请其他网点信用卡营销做得好的员工请到后进网点做经验交流，最好能在网点上几天班，通过实战演练传导先进的营销方式，打造积极的营销氛围，培养一些业务能手，把好的方法带给整个网点。

2. 走出去学

安排员工到先进网点跟岗学习，学习如何做网点营销和上门营销？学习营销商机识别和进件操作，学习营销话术和营销氛围布置，学习目标客户选择和事前准备，学习联动营销和客户关系维护，学习合规操作和风险防控，将好的做法带回网点，帮助整个网点提升产能。

3. 多方位学

其实，可以学习的"先进"有很多：向网点内部其他做得好的同事学，向兄弟行的先进网点学，向省内外同业的先进网点学，向信用卡核心期刊学，向信用卡营销能手学，向各业务板块的专家学，向信用卡优秀管理者学……结合实际，迅速加以运用，并向更多的员工培训和推广，将学习的效果最大限度地转化为营销成果。

小贴士——

"从实战中来，到实战中去。"在实战中学习和总结方法，持续提升工作效率。结合"实战"锻炼，先进带动后进，是一种快速进步的方法。其实，有的时候，不是大家不努力，不是管理人员不重视，而是方法不对，没有抓住关键矛盾。向先进学习可以帮助自己找到差距，看清问题，抓住短板，学会方法，从而快速改进，提升产能。

金句 36　"情感"营销管大用

情感营销是从感性的层面出发，通过肯定、配合、同情、关照、理解等方式，唤起和激发客户的情感需求，获得与客户心灵上的共鸣。它从注重产品本身的功能和优惠，转承到对客户心智的叩问，与客户心灵的交融，取得客户内心和感情上的认同，从而更容易达成产品销售。

1. 请求成交法

在网点工作的员工，一来二去久了后，能与不少客户混个眼熟。在你给客户介绍完相关权益和优惠活动后，客户仍然很犹豫，依然没能够完全打动他，但也没有强烈表示拒绝。这时你可以告诉客户，"这个产品确实不错，能给您带来真正的实惠和便利。我平时在这里上班，您使用后如果有问题，欢迎随时来找我解答"。同时，把信用卡"容易扣费和罚息的注意事项"清楚地告知客户。除此之外，还可以告诉客户，"最近有营销任务，请客户酌情支持一下"。要知道，这个世界上善良的人还是比较多的。通常情况，除非客户被信用卡"伤害"过，或者绝不接受透支消费，否则他们都会支持你一下。从情感的角度出发，他们也能理解银行的员工。

2. 正能量传递法

不少银行近年来推出了一些具有"公益"性质的信用卡，广受欢迎，例如，中信银行小红花信用卡、中国银行蒙牛爱心信用卡、广发银行守护天使公益信用卡、光大银行乡村振兴公益信用卡、多家银行发行的中国红慈善信用卡等。

以信用卡为载体，开展一系列公益主题活动，通常根据信用卡的使用情况，献出爱心，例如，客户捐赠积分，自定义自动捐赠金额；银行根据客户某段时间的交易笔数或金额，按照一定规则捐赠给某基金等。银行组织客户共同献出爱心，成就公益梦想，传递爱与温暖，树立企业和客户良好的社会形象。这样的营销主题和方式，大多数客户都会认同，也会成为该产品的忠实用户。

3. 认可办理法

"桃李不言，下自成蹊。"在网点工作较长时间，会发现这样一种情况：长久以来对客户尊重、真诚、关心的员工，为客户着想并解决问题的员工，会得到某些客户的高度认同。这类员工推荐产品时，只需要简单地把产品的功能和用途介绍一下，根本不用再做过多的解释，推荐客户办什么产品，客户就会办什么产品，重点是教客户怎样使用就行，因为已经赢得了客户的信任。

小贴士——

"世事洞明皆学问，人情练达即文章。"干好银行工作，既是做实客户服务，也是铸就"家国情怀"。"情感"上认同是人际交往中的一种升华，是营销中一种较高的境界，客户有可能认可的不是产品，而是营销人员本人。"情感"营销做得好，除了信用卡业务外，也会为其他业务推广带来实质性的帮助。

信用卡营销之风险防控篇

涉及信用卡的营销风险主要是来自客户的欺诈以及营销人员的操作风险，操作风险前文已详细提到。重点是要坚持底线思维，按照制度和流程合规操作，如果其中出现个人道德风险要严肃处理。客户的欺诈风险是营销前端面临的一个重要难题，尤其是对于新业态和新型欺诈技术手法的防控难度较大，例如，"AI 换脸"、拟声技术以及新发布不久的"文生视频"大模型 Sora。

金句 37　从申请信息上判断风险

客户填写的申请信息，银行后端审核时可以通过征信报告或者其他数据进行比对，但也有不少客户的信息是无法比对的，例如，客户以往未发生金融借贷，征信未采集到客户的资料。客户所填的单位信息、住宅信息等与以往预留的信息基本不一致，这些都是潜在风险的体现。其实，从申请信息也可以看出端倪。

（1）客户在申请表（含电子版）上勾选的住宅性质为"租房"或者"集体宿舍"，所填单位地址和住宅地址基本一致，单位是自由职业或者从事个体销售，学历也不高。这就具备了"传销"或者"电信诈骗"的风险特征。可以多问几个与客户工作性质有关的问题，例如，销售提成、人员培训等。一旦发现有疑似情况，要坚决杜绝办卡。

（2）如果一个客户在政府事业单位或者国企工作，用客户的年龄推算和所填单位工作年限明显不符，一定要多问客户一句是什么时候调来的，以前做什么工作，如果客户不能给出合理解释，那明显有问题，极有可能不是单位正式职工。

（3）注意观察客户，如果他在填写单位信息、联系人信息时比较犹豫，或者填写单位电话时比较含糊，要多了解一下具体情况，在客户离开后，通过118114、企查查等方式进行验证。

（4）要特别留心，如果一个工作超过5年的客户，信用报告没有借贷记录或者任何预留信息，是具有潜在风险的。

> **小贴士——**
>
> 　　从上述风险特征看，上门营销和主动走进客户单位，风险相对要小，如果是客户主动上门，或者在街上驻点营销，风险相对更高一些。营销前端一定要主动观察客户申请资料上逻辑不清或者风险特征突出的地方，发现不对之处尽快核实验证，从营销前端将风险拒之门外。

金句 38　从辅助材料上辨识风险

客户在申请信用卡的过程中，往往会提供一些辅助材料作为财力证明，这不仅关系到能不能办，而且涉及能办多少额度。从历史风险案件的特征综合看，客户提供的额外证明资料往往是风险隐患的"重灾区"，更需要营销人员的"火眼金睛"，并利用有关权威渠道去辨识风险。

（1）提供非本行工资收入流水的，营销人员一定要陪同去银行打印。工资收入明显与职业条件、学历不匹配；工资流水无结息；工资为整数，无小数点；工资收入当日进账很快转出；流水只进不出，余额较大，没有消费记录等都是明显的伪冒特征。

（2）客户提供的公积金、社保缴交信息中，所显示单位与所填单位明显不符。公积金缴存期限短，金额大多为整数，或者映射工资收入多为整数，这些都与常理不符。

（3）客户提供的房产、车产、结婚证、学历证书、职业资格、收入证明、工作证明、纳税证明等，可能会出现"小改大，更换姓名及证件信息，无法通过官方渠道核实"等风险。如果规定，证明材料由营销前端来核实并签署核实意见，那营销人员一定要熟悉核查财力证明材料的官方渠道，在没有看到确切且真实的核查结果，不要轻易签字。

小贴士——

　　从以往典型的风险案件看，为骗取高额度，或者实现批量办理，关系到"能不能办和能办多少"的辅助材料造假是最大的风险。营销人员平时要多学习风险案例，多总结风险特征，多判断信息逻辑，仔细核对和验证辅助证明材料，有效辨识风险。

金句39　从来源渠道上杜绝风险

渠道上的风险主要来源于通过伪冒、欺诈及恶意等方式带来的各种渠道进件风险，只要掌控好来源渠道，树立强烈的风险防控意识，主动做好客户身份的真实性核查及身份证的真假识别，了解客户的真实申请意图，对营销人员而言，这些风险是能够主动控制，可以有效避免的。

1. 关注"不请自来"

客户主动到网点或者主动给营销人员提供财力证明，例如，他行代发流水、不动产证、车辆行驶证、结婚证等，使用流水生成器App等编造"假流水"等申请办卡。旁边有人陪同，且参与客户申请资料填写。要防范客户提供的资料为中介包装的虚假资料，或者由中介公司人员陪同客户办理，并且包装虚假工作信息。

2. 留意"虚假申请"

有些非法组织假冒银行，制作虚假的申请小程序和虚假的 App，采集到客户信息后，以客户名义到银行网站或者官方微信等渠道申请。对于审核通过的客户，银行会安排营销人员上门做"面签"。营销人员除了把握好必须"亲见客户、亲见本人、亲见证件"外，还要留意"面签"的地方是不是正规单位，是否出现多个客户都在同一单位"面签"的情况。随着"AI 换脸"和拟声技术的诈骗频出，"三亲见"更显得尤为重要。

3. 当心"外来分期"

对于信用卡分期付款购车业务，要重点关注中介介绍或者通过汽车经销商渠道前来咨询的客户。通过了解客户的购车用途、品牌车型、保险等信息，综合判断客户购车行为的真实性。利用第三方渠道核实客户的工作单位、电话、地址等信息，例如，114 电话、住房贷款、公积金缴交、代发工资、人行征信等。通过税务部门官方电话和官方网站、上门到税务局验证等方式核查购车发票确为"真实"后方可放款。通过上述手段可以及时发现风险隐患。

4. 重视"批量办理"

经济下行压力加大，部分企业效益不好，员工通过办卡缓解资金压力，单位组织员工办卡套现集资。一旦发现有非财政预算单位组织主动办卡的行为，务必慎之又慎，尤其是要摸清楚员工集体办卡的意图。曾发生单位组织员工集体办理信用卡，套现出来集资建房的风险案件。曾发生单位组织员工团购买车，员工分期付款，由单位帮助员工还款，经销商给单位返点，没过多久单位负责人就"跑路"了。曾发生"存房"公司组织托管房屋的业主办理装修分期，归集分期资金用于经营、代还贷款、支付租金等。

5. 杜绝"证件未核"

拿着假身份证来办卡，营销前端未通过身份证鉴别仪对身份证的真伪进行鉴别，只是通过输入姓名、证件号去联网核查，最后发现信息无误，但这种方式对于消磁、挂失、假冒芯片等无效身份证是无法核实的，会出现伪冒风险。

6. 把关"合作机构"

短时间内通过"买壳"、变更经营范围等方式取得汽车销售资质的经销商。有些合作机构出现长期欠税、破产边缘等经营困难情形。有些合作机构的人员存在诈骗前科、未签署用工协议等。个别银行员工存在道德风险，违规准入合作机构，伪造现场照片，虚构业务背景，通过控制交易设备套取信用卡和分期资金。有的合作机构甚至是"空壳"公司。

小贴士——

营销人员要主动树立起强烈的风险防控意识，营销前以防范和规避为中心，营销中以识别和拦截为重点，营销后以核实与重检为手段。既不能因为承担风险放弃或者减少营销，更不能主动配合、非法参与和制造风险。其实，大多数风险并不可怕，营销人员只要充分控制好流程和环节，按照规定和制度办事，就能有效防控风险。

信用卡营销之总结提升篇

　　总结，即是反思、修正和提升。经常反思和修正错误，提升自我的人，工作更有效率，成长也会更快。信用卡营销是一个需要不断总结的过程，如果平时您很成体系地总结过信用卡营销中的各种问题，那么再遇到类似问题时，心中已经有了预案和对策，为化解问题带来实质性的帮助，总结是进步的源泉。

金句40　规划是营销的核心前提

　　规划其实是制定一个高效的营销计划，不一定做得高大上，但要简明、具体、灵活，有营销时间安排，有营销路线呈现，能够清晰、深刻地展示在脑海中。营销人员把"规划"做得越认真和越透彻，则取得好业绩的可能性越大。

　　对一个超过200人的大型单位营销前，要充分了解单位的总体人数、作息时间、办公区域、食堂位置、职工宿舍、最新动向，甚至是否有多家银行曾来营销过信用卡，也许单位的门卫能给你很多信息。在营销前，一定要规划好路线，以免辗转耽误时间，最好规划一些地理位置相近的单位作为营销对象，可以更加充分利用营销时间，避免营销某个单位失败后，短时间内没有可去的单位。笔者建议，如果你决定要营销某个大型单位，还是要事先抽出时间去"踩下点"，了解单位的地理分布十分重要，可以少走弯路。

小贴士——

"凡事预则立，不预则废"，这是纵贯千年的"古训"。平时要养成良好的习惯，规划好营销目标，预见可能出现的各种困难，提前准备好应对方式，正所谓"不打无准备之仗"。只有这样，营销时才会从容有序，淡定自如，仿佛有用不完的劲，这也是一个营销人员成熟的体现。

金句 41　也要考虑"天时、地利、人和"等因素

"天时、地利、人和"，在古代指作战时的自然气候条件、地理环境和人心向背。在当今信用卡营销中，它同样具有决定性的意义，因为它是营销过程中重要的外环境，是外因动力。在营销人员不能改变环境时，最好还是适应环境和利用好环境，才能占据营销的主动权。

试想一下，如果明天商场做银行专场的大型促销活动，你是否可以考虑在客服中心驻点营销或者发动收银人员帮你推荐客户；如果明天下雨，你是否会去某厂区门口驻点营销；银行与商户联合开展超值的刷卡优惠活动，你是否考虑在商户现场驻点；如果某学校要开运动会，你是否应该把营销的地点放在运动场附近，而不是教室；如果银行的个人住房按揭贷款受理量大，但个贷中心人手紧张，你是否考虑过申请协助个贷中心工作，并同步做好信用卡的销售。

如果一个企业是封闭式管理，平时禁止随意出入和上门营销，有交通车接送上下班，也许你的营销地点摆在往来集中的交通车上下点和家属区效果会更合适；来网点办业务的客户日渐减少，规划目标单位、安排员工上门营销尤为重要；主动发起与会员资源丰富或者垄断性较强的优质企业开展项目合作，利用合作方渠道快速批量获客。

小贴士——

　　"天时、地利、人和"等因素是决定营销成败最重要的外部条件，它们对营销成败起着重要的"支配"作用，是营销人员不得不重点研究的核心因素。把握和利用好外因动力，对营销人员"合理规划营销、通盘考虑问题、统筹安排事情"的能力是一种全面提升，对结果是一种有效促进。

金句 42　向不同类型的客户推荐适合的产品

　　各家发卡银行的信用卡产品有很多种，客户类型也十分丰富。"把合适的产品卖给合适的人，让合适的人使用合适的产品"，这是营销界的名言。信用卡营销同样适用，向不同类型的客户推荐适合的产品。它的核心是把信用卡的功能、权益和优惠与客户的爱好、需求，甚至是身份结合起来，最终达成产品销售。

　　例如，35 岁以下的年轻客户比较适合游戏类联名卡、青春主题卡，通过信用卡分期付款满足拥有一些大额商品的需求。政府、事业单位员工比较容易接受实惠的公务卡和优惠活动较多的信用卡。爱网购的客户比较适合推荐网购联名卡。喜欢梅西、C 罗的球迷青睐与他们相关的足球主题信用卡。

　　有身份和社会地位的客户容易接受服务更好的高端卡。喜欢理财的客户更容易选择信用卡分期付款。商旅和留学人士认为多币种或者全币种信用卡比较适用。银行自行打造涉及吃、住、行、购、理财、贷款等多功能融合的 App 和小程序受到广大客户的欢迎，例如，建行生活、掌上生活、浦大喜奔、买单吧等。笔者建议，与村超公司联合发行乡村振兴足球主题信用卡，向喜爱村超的广大客户推荐。

小贴士——

　　客群经营是银行精细化管理的重要内容之一，是一个获客、活客、留客的持续性过程。向不同类型的客户推荐适合的产品，是获客的重要方法，在解决客户金融需求的同时，配套做好相关服务。银行在契合市场和客户需求的过程中，能够不断拓宽营销视野，对持续做好产品销售和创新带来实质性的帮助。

金句43　找准关键时间点上门

　　信用卡营销非常讲究"时间性"，客户根据营销人员的时间主动来办卡的情况很少，基本都是营销人员根据客户的时间主动进行营销。因此，结合客户单位和客户本人的实际情况，准确找到关键的营销时间点，"在正确的时间，正确的地点，找到正确的人"，会带来事半功倍的效果。

　　在通常情况下，对会计师的营销最好在月中，因为月初和月末比较忙；三甲医院的医生在下班时间，护士一般在早上11：00以后才会有空；教师在课间、放学和坐班时间相对好营销，运动会期间、全体例会后也比较好；公务员视情况而定，政务大厅进出相对方便，其他岗位需要到每间办公室去拜访，级别较高的人需要约见，雨天、冬季成功概率更高；商人最好事先预约，下午3点左右比较合适；企业的车间员工如果十分繁忙或者不能随意进出，宣传后在往来的必经之路上驻点营销，通常是上下班时间比较好，如果不忙，现场办理；企业的行政人员要根据其工作时间而定，一般下午4点后效果会更好；银行一线员工可以在上下班时间办理；对于部分特殊行业和单位，例如，铁路系统、变电站、公交公司、网约车司机、桥梁公司等，他们分布较广，平时很难一次性找到很多人，最好了解职工聚集时间，采取集中办理，或者通过线上申请、线下面签的方式，实现电子渠道获客。

小贴士——

"博观而约取，厚积而薄发。"不同行业、不同单位或多或少会因工作性质不同，存在一定的作息差异，甚至是地缘差异。这需要平时多做功课，多收集营销单位信息，准确找到营销的关键时间点，让上门营销的时机更加精准，使宣传内容更加广泛地触达客户，才能有效保障营销效果。

金句 44　最大限度减少"无用功"

营销人员可能时不时遇到这样一种情况：你成功营销了客户，客户顺利填写了申请表，并提供了相应的证明材料，但最后没有通过审核，这等于是在做"无用功"。既浪费你的精力和时间，也带给了客户不好的感受，从时间成本和效益的角度来看，这样的"无用功"越少越好。

出现这样的问题，营销人员要仔细思索，是自己对办卡准入政策了解不透，以致客户资料没有提供齐全，例如，月收入不够，没有补充其他财力证明材料；财产真实性的核实渠道非官方，采信程度低；客户类型或者所在行业的选择值得商榷，以致单位多数客户不符合准入条件，或者存在部分客户信用不好的情况；营销时没有把相关权益和用卡事项给客户解释清楚，以致客户的反悔率较高；因为某个单位比较特殊，持有多家银行信用卡的客户众多，存在大量多头授信和额度使用率过高的情况。

所以，学习和利用好准入政策，科学选择客户十分重要。主动学习已经审核通过的申请件，未通过的申请件，掌握和总结相关政策。如果有机会，能从事征信审核或者授信审批岗位，通过多岗位的交流，从"专业"的角度更加理性地看待营销和风险。总之，最大限度地减少"不过"，保持高通过率，有效提升产能和控制风险，这才是科学获客的关键点。

> **小贴士——**
>
> 如前所述，信用卡营销"既要适应客户，也要适应政策"。结合政策主动去找寻目标客户，灵活运用政策科学选择客户，最大限度地减少"无用功"，提高营销的实际成效。在申办成功率、规模、价值创造以及支付便利、实惠等方面，有效满足"银行、营销人员和客户"三方的需要。

金句45　发现和用好你的"擅长"

平时多问自己两个问题：你擅长营销哪类客户？你擅长营销哪类单位和行业？每个人都有"长处"和"短板"，要学会发现和利用自己在营销上的特长，这是提升营销效率的重要方法。

1. 你擅长营销哪类客户

从事营销超过2年的员工，会发现总有一些客户是自己比较擅长营销的类型，沿着自己所"擅长"的类型去营销，会实质性地提高营销成功率。

如果你擅长营销中年客户，那你挖掘的目标单位就要以45岁左右的客户为主，可以通过客户上下班的进出判断；如果你擅长营销中年的女性客户，医院、学校、妇联等是不错的选择；如果你擅长营销25岁左右的年轻女性，通过美团、抖音、微信等讲解某时尚商品购买立减、打卡网红餐厅优惠、网约车出行代金券并投送办卡链接是个不错的选择。

有的营销人员擅长营销年轻女性，有的营销人员深受中年男性欢迎。但也不要一味地只营销自己"擅长"的客户，毕竟周边的客户总量有限，容易造成目标客户不足，也要通过和各种类型客户打交道拓展自己的营销半径和营销视野。

2. 你擅长营销哪类单位和行业

单位和行业的选择十分重要，要在营销过程中不断总结出你所擅长营销的单位和行业，因为相同类型的单位作息时间和管理制度有着极大的相似之处，在你熟悉了该类行业的工作模式后，会和这类客户有更多的话题，能与他们更好地打交道，这比到一个陌生的领域营销要好，这就是所谓的"熟能生巧"。

如果你擅长营销大型企业的职工，那就要梳理一下当地大型企业的数量和地理分布，摸准车间的排班情况，甚至是员工宿舍和家属区的位置。如果你擅长营销教育行业的职工，那要有所区分，"幼儿园和小学""中学和高中""高校和高职院校""培训学校"的营销方法是不一样的，因为它们中部分单位的老师不坐班。做好教育行业的营销，先结合自己的所长逐个划分好某区域内的学校，并扎扎实实走遍每一所学校，将该类型的学校营销做深做透。

小贴士——

"职业有职业的门道，行业有行业的规律。"营销人员要主动探索规律、发现规律、了解规律、适应规律，才能更好地掌握规律，把具有规律性的营销技巧灵活运用在规律性的行业上。通过与行业相关单位员工的深入交流和营销走访，比自己去一些网站收集到的材料更加"接地气"，更容易找到营销的突破口，同时也为对公业务、零售业务在该行业的深入推进带来参考。

金句46　做到"有备而答"

在营销过程中，客户会问到一些办卡和用卡方面的问题。一定要边梳理边总结，对这些问题做到心中有数，有备而答，它将会为你成功营销增添砝码。回答客户问题时，要让客户及其周围的人也跟着赞同。第一时间答不出来要立刻想到通过"联系谁"可以解决，不要让客户质疑你的专业能力，这是营销中必须掌握好的事情。

1. 这个卡办了有什么用?

解答：用简单明了的语言，列举出几大好处，应急周转、分期付款、用卡优惠、年费减免、积分兑换、身份象征、积累良好信用记录等，例如，这个卡是我们银行的明星产品，现有用户××万，能在本地很多优质商户享受用卡优惠，如××超市、××奶茶店，还经常有网约车打车优惠等活动。

> **小贴士——**
>
> 这个问题的回答就像是营销的"钥匙"一样，关系到能否有效提高客户的兴趣点，打开客户了解和申办信用卡的"房门"。

2. 如何才能申办? 多久能办下来?

解答：您本人凭身份证，并提供……证明现在即可申请，如果手续齐全，信用状况符合要求，我们会抓紧审核，一般在×天内能办下来。现在我们还有多款数字信用卡，它们是虚拟信用卡，没有实体卡，现在基本上都是绑卡支付，很少刷卡，申请后立刻审核，审核通过后，会告知您查看卡片信息的方式，您可以立刻激活卡片，通过卡号在线绑定微信、支付宝、云闪付等，"马上办，马上用"。

小贴士——

别小看这两个问题的回答，一个涉及能否办理成功，一个涉及申办的时效，都是你诚信和专业的重要体现。平时要做好应答准备。

3. 这个卡收不收费？利息怎么算？

解答：在成功申办卡后的一年内不限金额和地点用卡 × 次即可减免年费，包括绑卡支付、刷卡、分期付款、取现等，绑卡支付、刷卡享受 × 天至 × 天的免息期，过了免息期就按照……收取利息。

小贴士——

总之，要诚实地给客户解答清楚，并请客户多绑卡支付，少取现金。收费问题是客户办卡和用卡比较关心的核心问题，要诚实、准确地告知客户，解除客户的心理障碍。

4. 你这个卡安全吗？我平时都是用现金

解答：

一是网购时，不要登录一些非法网站和扫描来源不明的二维码，注意不要泄露短信验证码。换手机号码时，要主动到网站、手机 App 中与已绑定的卡片进行解除。避免使用公用 WIFI 进行网购。

二是刷卡时，不要让卡片离开您的视线，防止卡片信息被非法设备复制，输入密码时应遮挡。

三是主动设定单日交易限额，有大件商品采购时再恢复额度，对第三方绑卡支付进行管理，使用频率低的建议不要绑定。

四是手机、卡片丢失后要第一时间电话告知银行进行卡片管控，或者通过 ××App 关闭卡片的交易功能。

五是如果发现卡片被盗刷，要主动联系银行冻结账户或挂失卡片，并报告公安机关，配合双方提供有关证明材料。现在多数银行都有盗刷保障服务，欢迎主动了解并积极体验。

六是不要出借和出售信用卡，平时合规用卡，不要去套取现金，不要在高风险的商户和网站发生交易。

小贴士——

从应急、周转、优惠的角度看，信用卡确实是"好帮手"。现在客户关心的问题与以前不同，"安全是第一位的"。主动普及日常安全用卡知识也是营销人员的职责。

5. 以后这个卡不用了怎么退？平时有问题找谁？

解答：按照规定，如果卡片实在不想用了，您可以致电卡片背面的×××进行电话注销，或者到银行网点由工作人员指导您操作，要求卡片没有欠款和多余款项，注销不需要收取任何费用。平时您有任何用卡问题也可以拨打该电话，或者关注官方微信公众号×××，如果您方便的话，我加下您的微信，平时有什么问题我负责做好解答，您也可以到就近的网点找工作人员咨询，祝您用卡愉快。

小贴士——

其实，多数客户都希望办理卡片后，能够放心和顺畅使用，这说明客户会积极用卡，关键在于用卡过程中的各种问题能否得到快速有效的解决。万一以后真不想用时，不用太麻烦就能退掉，避免被收取一些费用。

6. 您说的这张卡可以在哪些地方享受优惠？

解答：现场向客户介绍优惠信息的查询平台，如官方微信公众号、官方小程序、官方网站、官方 App 等，最好准备一张展示多种用卡优惠的宣传单，递给客户看，列举一些与大型商户合作且具有市场影响力的活动，会让客户更加放心，增加办卡的决心。

> **小贴士——**
>
> 　　用卡优惠是客户关心的重点问题，也是客户办卡和用卡的重要原因。营销人员应把优惠清楚地罗列出来，给出便捷的查询渠道，让客户实实在在感受到办卡的好处，方便客户正常用卡并享受相对优质的服务，这也是综合维系客户忠诚度的有效方法。

7. 分期付款真的不要利息吗？

解答：分期付款其实是分月还款，只要您每月按时还款，分期付款确实不要利息。根据您选择的分期方式和分期商品，例如，购车分期、装修分期、账单分期、邮购分期等，会按照分期金额收取一定比例的手续费。以购车分期为例，我们正在做优惠活动，当前的手续费率为 0.18%/ 期（月），近似年化利率（单利）约 3.61%。也有不要手续费就可以分期的商品，您可以登录 ×× 微信公众号查询，一般可以办理 3 个月至 36 个月的分期付款。

> **小贴士——**
>
> 　　在客户的脑海里，贷款付息"天经地义"，这是他们和银行打交道的一贯认识。信用卡分期付款是一种特殊的理财方式，要把这种方式的好处清晰地告知客户，引导客户使用分期付款缓解自己的资金压力，提前实现自己的"理想"。

8. 你们银行最近有没有好的、比利息高的理财产品？

解答：可以介绍本行部分收益率较高、具有市场影响力的"品牌性"理财产品，例如，稳健低波动类、申请赎回灵活的零钱管理类、固定期限且收益较高类、风险低净值高类、业绩比较基准较优类等，并简单问下客户目前的理财需求，根据客户的风险偏好综合判断哪类产品更适合客户。然后请客户随时关注营业网点、官方网站、官方微信公众号等登出的信息，将理财客户经理的联系方式留给客户，或者请理财客户经理主动联系客户，由理财客户经理给予专业解答。

小贴士——

　　客户在了解信用卡之余，比较关心"如何理财"，例如，信用卡理财、理财产品理财、贷款理财、基金理财等，这是多数客户与银行打交道的本意。所以，营销人员平时要学习和掌握主打理财产品的有关知识，提升综合化服务能力。通过多产品组合推荐，满足客户的多样化需求，使其成为维护客户的有效方式。

金句 47　学会"见招拆招"

　　见招拆招是指采取合理方法应对遇到的问题。在信用卡营销过程中，客户会给出一些不想办理的理由，或者展现出一些顾虑。营销人员要在平时做足相关"功课"，便于营销时快速、合理地打消客户的疑虑，尽量不让客户打"退堂鼓"。学会"见招拆招"，会为成功营销铺平道路。

1. 你们银行网点少，还款不方便

　　解答：我们有很多种不用跑网点的还款方式，微信、支付宝、手机银行、App 等都可以办理还款。您也可以在我行办张储蓄卡并存些钱在里面，将储蓄卡和信用卡绑定，在信用卡到期还款日自动扣划储蓄卡里面的资金进行还款。如果您暂时不想办储蓄卡，用其他银行的手机银

行跨行转账至信用卡，也不收费，非常方便。该问题这是客户诚信的表现，这类客户往往是银行的优质客户。

> **小贴士——**
>
> 　　随着多种支付渠道的兴起和自有渠道的完善，在给客户提供用卡便利的同时，也对营销所在地没有网点的发卡银行，提供了大量的营销契机，例如，全国多数县域没有股份制银行的网点，工商银行、中国银行、建设银行、交通银行在部分县域没有网点，城商银行跨省设立的网点数量也有限。"大力开拓没有网点的区域"是零售业务重要的增长极，对于拓展新客户和打造生态场景，信用卡业务当仁不让。

2. 我已经有信用卡了，不用再办了

解答：问一下客户有哪些银行的哪款信用卡？然后头脑里迅速反映出您要向客户推荐的产品相比起它的优势，有哪些可以补充的权益和优惠等，例如，除微信立减金外还有打车、外卖优惠券；热门商户低价套餐；专享理财产品；在还款压力较大时，除了分期还款还可以办理延期还款；企业微信一对一专属服务等。当然，如果这个客户比较优质，可以推荐权益更丰富和功能更齐备的高端产品。

> **小贴士——**
>
> 　　这是目前信用卡营销中非常常见的情形，不少客户已经持有了其他银行的信用卡产品，所以要通过"对比营销"，用你的某些用卡优惠和产品特殊功能来打动客户，能够作为客户平时用卡的一个有效补充，甚至成为用卡的"第一选择"。平时加强学习和熟悉各家银行的信用卡产品十分重要，否则很难找到营销的切入点。

3. 要填这么多资料，太复杂，填联系人干吗

解答：您填写得越详细，越有助于快速审核，在您以后的用卡过程中，我们有优惠活动或者用卡问题没有通知到您，可以请联系人转告您，平时也不会打扰您的联系人。

小贴士——

有些客户做事喜欢尽善尽美，有些客户喜欢简单低调，毕竟信用卡申请资料的填写还是比较复杂，要用合理的解释说动客户耐心填写，因为也有客户嫌填表麻烦不愿意申办的。

4. 你说的都是我们能得到的好处，办这个卡你们银行有什么好处

解答：正常情况下，您绑卡支付100元，银行会向商户收取0.2~0.5元的手续费，不向客户收取。用卡的客户多了，银行的效益更明显，这是最大的好处。平时，您用卡后请记得在免息期内按时还款，以免产生不必要的费用。

小贴士——

有的客户担心用卡过程中被银行乱收费，有的客户也想了解银行信用卡的盈利模式，因为这个世界上很少有"天上掉馅饼"的事情。客户不会相信银行白拿钱来给他用，了解银行的既得利益，也是关心自己会不会蒙受损失，这是情理之中、也是常见的情形。所以，这个问题的回答既是在解除客户疑惑也是在普及银行知识。

5. 你们要求抄写的声明要我承担什么责任

解答：这是按照有关部门的规定，从法律的角度让您知晓并保障您的权利，说明您知道这个产品的好处了。顺便也练下手速，很快就抄

完了。

小贴士——

　　客户是具有防范意识的，尤其涉及法律权责方面的承诺，客户一般会非常谨慎。所以，从法律的角度，向客户做好合理的解释，也能为成功营销提供"司法"保障。当然，营销人员平时有必要加强法律知识的学习和积累，例如，信用卡诈骗活动涉及的刑法条款。

信用卡营销之业绩检验篇

在工作中我们常常听到，"用数据说话，用业绩说话"，这是衡量工作的重要标准。在银行工作，除业绩达标外，还要树立正确的业绩观，干出的业绩经得起历史检验，这背后是要严守合规操作的底线，有效控制风险。不论是小步快走，还是大步向前，都要稳健经营，避免出现区域性和系统性风险，这也是银行经营的核心使命。

金句 48　业绩是靠"完成目标"来定义的

银行每年都会制定综合经营计划，都会有 KPI 指标考核。各级机构全年紧紧围绕"目标计划"开展工作，包括在第一季度和第四季度开展一些全行性的大型主题营销活动，实现开门红和完美收官。"目标完成情况""同比增长情况""系统内排位""同业排位"是最终考核经营业绩，评价经营成效的重要标准。

有些工作习惯比较好的营销人员，会围绕总体目标，将其进行拆分，每周或者每天设定一个工作目标和工作进度，每月或者每季制定工作计划表及营销推进方案，日常会收集零碎时间，用活空闲时间，不论其他事情如何干扰，他都会围绕"总体目标"这个核心，持续推进工作。有些营销人员喜欢不断挑战自我，例如，他一天最高时营销了 30 张信用卡，他就喜欢将 30 张作为一个挑战目标，并努力去打破，这样一来，无论挑战他是否成功，从一个营销周期来看，他累计下来的营销业绩是比较理想的。

在银行工作，尤其是在业务条线，能否完成核心指标是检验业绩一个非常重要的标准。有些银行改变了考核方式，不下达计划，以市场为导向，以同业或者系统内排名所对应的数据为计划，让计划更契合市场，例如，排名第 1 的同业某季度人均信用卡新拓客 250 户，而自己完成了 200 户，那计划完成率为 80%。如果自己完成了 250 户，排名第 1，排名第 2 的同业人均完成了 200 户，那计划完成率为 125%。部分银行下达的目标为"对标二级分行第 3 名"的人均产能，如果实现第 3 名，那计划完成率就为 100%，如果是其他排名，就以第 3 名的人均完成情况为计划。

小贴士——

"善谋者行远，实干者乃成。"要紧紧围绕工作目标持续推进，对标先进同业和学习优秀同事，改进工作方法，不断挑战自我，才能创造出卓越的业绩。要想明日早成功，就得为明日的事情提前做好准备。一个人工作是否有成效，业绩是否突出，主要看他有没有恒心，会不会规划，能不能抓住关键，能否做到善始善终。

金句 49　业绩是靠"创造价值"来铸就的

在银行工作的员工，只有具备了一定的"实力"，才能干出令人信服的业绩。这个"实力"包括吃苦耐劳的精神、戒骄戒躁的心态、细致长远的规划、稳健高效的营销、用心用情的服务、数一数二的业绩、合规经营的操守、大众点赞的口碑。要想成为信用卡的营销精英，成为银行的业务骨干，体现出工作中的价值，必须明白上述道理，这也是"硬道理"。

　　这个道理的背后是：经过严寒酷暑和风霜雨雪的洗礼，进出过各行各业超过 500 个单位，与超过 5 万人面对面营销，和各种类型的客户近距离打过交道，经历并妥善处置过不少突发状况，从经过多次争议与批评再到表扬和肯定，无数次地战胜自己的心理障碍，听得进反对的声音和刺耳的建议，能经常反思和及时改正。

　　工作之余加强学习，考取相关证书，提升个人硬件条件，增加自己的知识储备。在失败、批评、表扬、肯定和成功中不断总结和成长。在许多时候，仅业绩突出是不够的，业绩还要经得起"合规"检验，同时个人要在"德、智、行、勤、廉"等方面得到广泛的认同，这样的业绩才是有"实力"的业绩，才能真正体现"价值"。

小贴士——

　　"打铁还需自身硬！"在工作中，只有经过营销技巧、处事方式、性格修养、职业操守上的深度磨炼，做出经得起检验的"业绩"，才能有令人赞许的"实力"。"用业绩证明实力，用实力体现担当，用担当铸就价值"，这是个人成长和进步必须经历的阶段，正所谓"艰难困苦，玉汝于成"，这也是笔者亲身经历得到的感悟。

金句 50　业绩是靠"不出大的风险"来支撑的

　　认真落实好金融"三适当"原则，在营销过程中，要主动洞察和分析，对于潜在的高风险客户，应委婉拒绝，不要为了完成任务和取得效益而搪塞过关，不注意来源的合理性，甚至配合客户伪造证明材料，进行造假等。主动发现风险，主动杜绝风险，这是恪尽职守、真抓实干、高度负责的表现。

这里特别强调一下，有些客户十分关注高额度和取现，办卡时首先问能办多少额度，能取多少现金，利用"讨价还价""假营业执照"等方式降低刷卡机和码牌交易手续费率，来减少套现的手续费成本。还有主动来找您办卡以及找您批量办卡的客户，且能够提供十分齐全的手续。对上述客户要审慎，这些都是疑似风险的重要特征表现。

只要合规操作，按制度办事，所经办的信用卡业务出现极小比例的逾期贷款和不良贷款属于"正常、合理"的范围，这是银行可以容忍的风险，也是在可控的范围。

"业绩决定你能走多高，风险决定你能走多远"，这是银行界的职场名言，它表明业绩表现与风险控制是并存的，并不矛盾。无论你业绩有多好，只要出现大的风险案件，可能部分舆论对你的评价是"他的业绩是靠违规换来的"，或者你的业绩基本被淡化，甚至不再提了，你的辛苦都付之东流。

小贴士——

"要树立正确政绩观，多做打基础、利长远的事""做出经得起实践、人民、历史检验的实绩""要发扬求真务实、真抓实干的作风，以钉钉子精神担当尽责，树立'功成不必在我'的境界，一件事情接着一件事情办，一年接着一年干"。业绩和风险就像"跷跷板"的两端，两者之间是平衡发展和相互抵消的关系。只有统筹兼顾好业绩和风险，才有机会成为一名出色的营销人员。

信用卡管理篇

信用卡管理之全面认知篇

管理者既要认清当前信用卡业务面临的"国情"和"省情"，也要利用好行内外的政策和资源，准确把握业务的经营逻辑，重点关注与信用卡业务息息相关的重要变化，抓住金融供给侧结构性改革和社会进步带来的良好机遇，实现认知同行动的高度一致，持续推动信用卡业务高质量发展。

金句 51　认清信用卡的"国情"

40 多年来，信用卡业务得到了国家和社会层面的大力支持，当前信用卡贷款余额突破 3000 亿元的银行超过 10 家。信用卡作为消费金融的旗舰产品，要统筹好发展和安全，深刻把握信用卡工作的政治性和人民性，抓好"五篇大文章"，切实服务好实体经济，将"金融为民"工作做到实处。

1. 光辉灿烂的 15 年

1985 年，中国银行在珠海发行了国内第一张信用卡。2007 年，少数银行信用卡中心强化创新驱动和顶层设计，率先实现信用卡的大数据运用，对优质目标客户进行预授信，在网点实现弹单营销。多数银行开始组建直销团队，围绕目标客户上门批量营销。2008 年，邮购分期、账单分期、购车分期等产品迈出有力步伐，逐步形成完备的分期产品体系。

在接下来的 15 年，发卡银行围绕联名卡、地方卡、纪念卡、高端卡、慈善卡、多币种卡、芯片卡、虚拟卡等开展产品创新，完善功能和权益，加速数字化转型步伐。信用卡进入蓬勃发展时期，多数银行的卡产品超过 100 款，有些甚至上千款。2012 年起，信用卡线上申请逐渐替代线下申请，成为主要渠道，联盟合作方向会员推荐办卡、手机银行提示办卡、扫码办卡、外呼办卡等"互联网＋"场景广受欢迎，每年发卡新增上百万张的银行逐渐增多。2017 年起，部分大型银行先后宣布发卡量突破 3000 万张、5000 万张、1 亿张。2023 年，全国信用卡（含借贷合一卡）在用发卡数量约 7.8 亿张。

2010 年起，分期产品也围绕家具、消费、购车、现金等实现多元化爆发，成为各家银行手续费（中间业务）收入的重要增长极。信用卡年手续费收入超过 200 亿元的银行越发增多，一度成为发卡银行拉动手续费收入增长的"火车头"产品。部分银行宣布信用卡开始盈利。不少银行引导大量客户通过"自有手机银行、官方微信、自有 App 手机客户端"，办理信用卡、处理日常用卡问题。在此过程中，人工智能客服、大数据千人千面、专属 App、自动审批、智能风控模型等金融科技创新运用，护航信用卡业务高速发展，持续满足人民群众多元化的金融需求。

2. 迎难而上的赛道

2020 年后，随着央行和银保监《推进信用卡透支利率市场化改革》《进一步促进信用卡业务规范健康发展》等系列合规监管政策出台，按照风险可控、稳妥有序的原则，信用卡费息进一步透明，实行单一客户总额度上限管控，避免过度发卡、过度授信，控制长期睡眠卡占比不超过 20%，信用卡盲目扩张的道路逐步终结，商业银行由跑马圈地转向精耕细作，更加注重消费者权益保护，不断增加人民群众的获得感、便利感和安全感。

　　商业银行进一步深化经营管理转型。2022年起，按照新规要求，多家银行宣布将分期手续费收入调整为利息收入，随着减费让利政策的深入，当前多数分期产品的年化利率降为4%以下。2020年以后，多数银行30万元及以下的个人消费贷款、300万元及以下的个体工商户经营贷款和小微企业贷款等大数据线上贷款产品，相比信用卡分期贷款，客户申请手续更为简单，审批速度更快，免去了抵押、实地勘察等放款前环节。相比支付透支享受免息期的信用卡，上述产品没有免息期，收益更高，资本占用更少。面对第三方金融公司个人贷款和汽车消费金融的快速兴起，部分银行开始整合个人类贷款产品，开展秒批秒贷，一定程度上银行经营管理的重心有所转移。

　　近5年来，除了整合合作方权益、提高用卡回馈、增加绑卡支付平台外，信用卡在功能和用途上真正改变的产品创新少之又少。2023年，部分银行的信用卡获客数量同比下降超过10%，消费交易额同比下降超过15%，信用卡贷款余额负增长明显，信用卡业务收入也出现下滑。多家银行的信用卡不良率在2%左右（当年核销与证券化后），客户逾期风险加大，资产质量承压。

3. 勇毅前行的基石

　　目前，信用卡是银行触达年轻客户最直接、最有效的产品，年轻用户具备财富增长的潜力，是场景金融应用的主力。随着信用卡业务进入新发展阶段，在充满挑战的赛道上，需要持续深入推进精细化管理、数字化转型、一体化经营和差异化发展等。技术革新推动金融行业发生了巨大变革，数字化经营和创新驱动为银行提供了新动能，经过部分银行线上、线下多方位实践，为银行批量、高效、精准获客做出了有益探索，为信用卡业务高质量发展提供了生动实践样本。

> **小贴士——**
>
> 从国家层面看，信用卡是拉动社会消费增长的有效工具，是服务实体经济的重要金融产品。要认清信用卡的"国情"，坚定不移走中国特色信用卡发展之路，围绕国家出台的相关政策发展业务，推进实践创新、理论创新、制度创新，为经济社会发展提供高质量的信用卡服务。

金句 52 切合信用卡的"省情"

目前，各家银行一般以"省（直辖市）"为单位，设立省级分行，统筹管理所在省各分支机构的业务。包括信用卡在内的各种金融产品，要充分结合当地"省情"开展差异化经营。地方政府主导着当地的经济环境，各地信用卡的经营管理要与地方政府出台的政策规定相适应，才能从中捕捉到源源不断的商机，例如，围绕城镇化进程和发展规划，有效嫁接信用卡业务，主动挖掘目标客户，使其成为业务发展的重要动能。

1. 省、市城镇化进程

当前，信用卡的主要目标客户是介于 23~55 岁的城镇居民，除北京、上海、广州、深圳、天津、杭州等一线、二线城市城镇化率较高以外，大多数省市还处于加快城镇化建设的阶段。了解"所在区域最新人口有多少？当前的城镇化率是多少？城镇人口有多少？未来的城镇就业率和就业人口？"十分重要。

虽然存在一人持有多家银行信用卡、有不良记录、临时失业，以及每个人申办信用卡提供的资料不同等情况，通常情况，23~55 岁符合办卡条件的城镇居民占到城镇人口的 40% 左右，以此推算，四川符合办卡条件的城镇人口约有1900万人，成都约有660万人，再减去已持卡客户数，剩下的就是目标客户数。

2. 省、市政府发展规划

重点关注《年度政府工作报告》《国民经济和社会发展"十四五"发展规划和二〇三五年远景目标纲要》《乡村振兴系列重要文件及举措》《××新区发展规划》等重要材料，这些包含了各地区国民经济和社会发展的短期规划和实现目标，涉及就业人口和城镇人口的提升、重点区域推进和重点产业发展等与信用卡业务息息相关的重要信息。

有的省份还有促进当地"特色"发展的专项规划，例如，大数据、旅游发展、高端人才引进、社会保障事业、大健康产业、特色农产品、乡村振兴、特色体育赛事、高铁经济带等，这些都为信用卡客户拓展、分期业务增长、收单商户拓展等提供了良好的发展机遇。

3. 地方政府出台的一系列政策

这类政策表面上不一定与信用卡业务有必然联系，但会给信用卡业务的发展带来积极影响，例如，某地出台了"住房公积金又提又贷"政策，虽然是对房地产市场的刺激政策，但它给信用卡装修分期业务的发展带来了机遇。各地出台的发放政府消费券、新购汽油车辆购置税减半等政策也会促进信用卡消费交易额的增长。

地方政府将公积金的缴存、提取、提前结清、出具贷款证明等业务由市民政务大厅延伸至银行网点办理，这将为银行带来大量的信用卡潜在目标客户。成立某教育集团、某医疗集团，分别对学校和医院的服务、财务、投资等进行独立管理。此时，提交包括信用卡在内的多产品综合金融服务方案十分必要。地方政府重点打造的当地"特色名片"，例如，农产品、旅游、茶、酒、烟等，可通过银行自有的网上商城进行合作销售。

小贴士——

充分切合"省情",是信用卡业务"接地气"的重要表现。各家银行的省级分行、市级分行在制定中、短期信用卡业务经营规划时,要重点结合当地实际因地制宜,再按照重点发展区域、快速发展区域、战略发展区域进行合理划分,分步骤、分阶段做好推动工作,有序推动业务增长。

金句 53   摸清"家底"

摸清"家底",首先要了解信用卡业务的收入结构,例如,消费回佣、取现手续费、分期商户返还手续费、循环贷款利息收入、分期贷款利息收入等,各自的构成和占比,以及信用卡业务收入对所在行的贡献。其次深入挖掘可以有效利用的行内外资源,包括渠道、费用、人力、数据、政策、目标客户、授信标准等一套全流程、成体系的各要素资源。

1. 渠道

目前有哪些营销渠道?短期内哪些有可能成为新的、重点获客渠道?例如,手机银行、微信、App 客户端、4S 店、装修公司、合作方网络平台等。

2. 行内资源

(1)行内有多少员工从事信用卡及相关业务的营销?

(2)每年信用卡业务给所在行带来多少收入和利润的增长?信用卡业务在各级管理人员年度指标考核中所占的分值?能否提升?

(3)每年行内大概能拿出多少人力费用和非人力费用来支持信用卡业务的发展?如果明年计划要实现业务指标同比增长 50% 以上的"跨

越式发展"，有哪些可以争取的政策支持？

（4）根据近期业务发展测算，当前从事征信审核和授信审批的人手能否满足业务发展的需要？是否需要增加人手，是否考虑将征信审核岗和授信审批岗合并，或者系统自动处理率提高多少个百分点能够弥补人员的不足？

3. 行内目标客户

根据行内当前信用卡的申请准入政策，主动筛选行内符合条件的个人客户，如能率先做好预授信，并通过多种渠道进行精准提示营销更好，例如，行内目标客户包括：

（1）连续代发工资满半年，且最近三个月月均代发金额不低于3000元的客户；

（2）近半年行内月均资产大于等于5万元的客户；

（3）个人住房按揭贷款最近半年每月正常还款的客户；

（4）符合特定消费规则的储蓄卡客户；

（5）符合特定交易规则的个体工商户，例如，最近半年均使用我行收单设备，月均交易笔数不低于200笔，交易金额不低于1万元。

4. 行外目标客户

根据行内当前信用卡的申请准入政策，主动挖掘行外符合条件的个人客户，如能率先做好预授信，并通过多种渠道进行精准提示营销更好，例如，行外目标客户包括：

（1）政府官方数据：公积金、社保。如最近半年连续缴交公积金，单位和个人累计月缴额不低于400元。

（2）建立一定的查询渠道，核查客户提供的信息资料：本科及以上学历；房产市值大于30万元或者大于70平方；车产评估净值大于8万元。

（3）有他行信用卡，额度不低于 5000 元，且最近 1 年月均使用至少 1 次，还款正常。累计发卡机构小于 14 家，总额度平均使用率不高于 80%。

（4）有他行个人住房按揭贷款，贷款金额不低于 10 万元，最近半年连续正常还款。

（5）最近 1 年某航空公司飞行次数不低于 2 次；最近 1 年某网购平台交易不低于 12 笔，累计金额不低于 1000 元；系统综合评分大于 ×× 分。

> **小贴士——**
>
> "摸清家底"有利于提升资源配置效率和优化政策导向，是为业务可持续发展提供有力保障的基础性工作，也是精细化管理的必然之路。信用卡业务拥有庞大的客户群体和多元化交易结构，一旦形成高质量的客户规模，必然会产生可观的规模效益。

金句 54　把握行内外的"动向"

行内外的"动向"一般指行内的政策变化、风控措施变化、营销产能变化以及监管部门的政策变化等。有些是管理者可以积极争取和调控的，有些是管理者必须遵照执行的，它们就像"指南针"一样，需要管理者准确掌握方向，指引发展路径，有效调动全行营销人员的积极性。

1. 奖励政策的变化

信用卡业务的奖励政策关系到营销人员"如何挣取工资"，也事关基层管理者的重视程度，通常由各家银行一级分行统一制定规则，二级分支行做一些调整和补充。奖励政策的变化是为了持续优化信用卡业务结构，增加高贡献客户和高收益产品的占比，全力完成重点指标和收入目标。所以，管理者要准确把握考核激励的导向，例如，成功营销一笔分期业务，工资奖励由分期交易金额的1%改为分期收入的9%，导向是为了多做高收入的分期产品。对营销人员而言，做高收入的分期产品工资更高，对于银行而言，也取得了高收益。

例如，成功营销1张收取年费的高端卡奖励200元，成功营销1张普通卡奖励50元，营销4张普通卡的难度比营销1张收取年费的高端卡难度小得多，那么营销人员更愿意去做普通卡的营销。所以，要在高端卡、重点卡和普通卡间做好考核的比例调控，例如，营销1张高端卡折算为6张普通卡，或者再增加一些调节系数（完成高端卡计划，普通卡的奖励标准提升20%），普通卡营销成绩突出的人才有更大的积极性营销高端卡。

2. 审核政策的变化

审核政策的变化既关系到营销对象的选择，也是风险防控措施的适时优化，银行一般会经过充分的市场考察和论证。当然，它也关系着客户的满意度。每次审核政策的变化，管理者一定要组织相关人员专题学习，认真执行，否则会对业务发展带来负面影响。例如，十年前部分银行出台了凭他行信用卡的用卡情况可以申请本行信用卡的政策，但在2022年，部分银行不仅取消了这一政策，还严格执行监管部门的"刚性扣减已获信用卡授信总额"政策。所以，如果不严格传达给营销人员，将会出现许多无效的进件。

有的银行将公积金客户作为重点营销对象，有的银行将社保客户作为重点营销对象，有的银行将个人住房按揭贷款客户、理财客户作为重点营销对象。如果单纯以某一项资质作为申请准入，那每类客户申请信用卡的手续和申办的额度会有所区别，管理者应分类列出不同客群的准入标准，以供营销人员参考和使用，提高审核通过率和客户的满意度。

3. 营销产能的变化

营销人员既指专职从事信用卡营销的人员，包括信用卡直销团队、电话销售团队等，也包含兼职做信用卡营销的人员，如网点一线员工、对公客户经理、理财客户经理等，信用卡营销只是他们工作中的一部分。营销产能核算可以平均到个人、网点、团队、条线、渠道、分（支）行、地区等，一周、一月或者一个季度核算一次等。

管理者平时要对营销人员的产能进行合理评估，及时掌控，在某个阶段无论提升还是下降，都要正确找到原因，做好定点帮扶和有效调度，例如，管理者发现上个月某支行的信用卡产能同比下降，今年以来均呈递减趋势。经过核查发现，该支行的进件量不比上季度少，由于员工对政策把握不透，驻点营销的地方周边个体客户居多，审核通过率降低，于是便加强了信用卡申请准入政策的培训。管理者发现本地的发卡银行又增加了 3 家，竞争更加激烈，但直销团队的人均产能比上月略有提升。通过数据分析发现，直销团队本月营销的单位中国有企业的占比环比增加，个体和民营企业的占比环比减少，所以，今后鼓励他们多营销国有企业。数据显示，每个季度最后几天网点信用卡的进件数量都不算多，因为网点要在季末冲刺其他指标，于是管理者季末加派人员在"人流量大、精准营销商机提示量大"的网点驻点营销。

4. 监管政策的变化

信用卡申请表包括纸质和电子版，是客户与银行达成的申请协议，是营销前端深入了解客户的有效方式，也是客户信息获取的主要渠道。近年来，监管部门加大了对信用卡收费内容和相关条款的规范力度，目的是让客户与银行的权责划分更加分明，例如，增加"客户抄录声明"，将滞纳金改为违约金，取现透支利率上下限。

2024 年 3 月 28 日，央行和国家金融监管总局联合印发《关于调整汽车贷款有关政策的通知》，明确金融机构可根据借款人信用情况，自主确定自用传统动力汽车、自用新能源汽车贷款最高发放比例，商用传统动力汽车贷款最高发放比例为70%，商用新能源汽车贷款最高发放比例为75%，二手车贷款最高发放比例为70%。对购车（新车、二手车）分期贷款提供了明确的政策支持，银行要迅速调整自用和商用购车、二手车信贷政策，更好支持以旧换新和合理汽车消费需求，进一步拓展自用和商用购车信贷市场。

监管部门要求银行以明显方式展示最高年化利率水平，明确分期贷款最低起始金额和最高金额上限。对于营销人员而言，客户的疑问会更多，这增加了营销时间和营销难度，可能会降低产量。各家银行要进一步规范解释口径，对年化利率、盗刷补偿、协商还款等敏感问题做出合理解释，才能有效提高客户满意度。

小贴士——

信用卡业务的管理工作就像在公路上驾驶汽车，优秀的管理者应当是一名技术娴熟的"驾驶员"，在行驶过程中能够有效地控制车速，该快则快，该慢则慢。过慢时调用资源及时提速，过快时采取措施及时制动。平时要随时关注车况，掌握好车的性能，发现毛病抓紧检修，防止关键时刻掉链子。

金句55　学习同业的积极变化

同业在产品、服务、支付、申请方式、机改等方面发生的积极变化，是从市场形势、客户需求等角度进行的优化和创新。对比来看，可能它是其他银行当前没有涉及或者落后的版块，甚至是需要大幅追赶的单元。先进的同业其实是一位非常好的"老师"，因为它能很明显地展示你们间的差距，关键是落后的"学生"一定要有后发赶超的决心和行动。

1. 产品

不少银行近年来分别与美团、京东、故宫、腾讯、芒果 TV、携程等发行联名信用卡，旨在充分利用双方的平台和资源，开展客户挖掘和营销推送，共同做好客户服务。有的银行与政府联合发行 ETC、文旅、名城、慈善、养老等联名信用卡，共同整合银政资源，做好公共服务，践行金融为民，助力美好生活，例如，中信银行水韵江苏主题信用卡、邮储银行养老金主题 YO 卡、多家银行乡村振兴主题信用卡、多家银行绿色低碳主题信用卡等。民生银行推出了具有"动态安全码"的芯动信用卡，有效降低盗刷风险。多家银行为了抢夺"年轻客户"这块消费信贷市场上最大的"蛋糕"，纷纷发行了以视频、动漫、明星、游戏、JOY等为主题的信用卡产品，赋予取现、还款、分期、积分、消费等使用方面的优惠权益。有的银行为了从源头上获客，发行"0 额度或者提供第二还款来源即可申请透支"的大学生信用卡，时隔多年后重新走进校园。

2. 服务

与信用卡分期类似的信用卡代偿业务，进入市场后受到关注。省呗、还呗官方网站显示，省呗还款利率低至银行信用卡还款利率 6 折、还呗还款利率低至 5 折，不同资质水平的客户，利率也有所不同，资质较好的用户利率会更低。多家银行在其 App 中推出了信用卡一键锁卡和交易限额功能，持卡人可以随时随地对信用卡账户进行安全管理。多家银行的智能自动语音催收系统，能为客户定制个性标签，总结不同客群的最优催收实践清单——最佳拨打时点、智能语音交互、催收频次、灵活还款方案等。

3. 应用

招商银行"掌上生活"、交通银行"买单吧"、浦发银行"浦大喜奔"、建设银行"建行生活"是银行 App 的杰出代表，它们向其他银行卡持卡人开放，这些 App 不仅是丰富、便捷的消费场景，更是一个独立的金融消费移动互联网平台。工商银行近期推出了"专家规则＋智能模型＋各类名单"的风控策略，实现事中毫秒级反欺诈识别和控制。微众银行引入人才信息、知识产权、产业赛道、交易数据等，为全国约43 万家科技型企业累计授信超过 3800 亿元，科技企业的成长培养了庞大的专业型、数字型人才队伍，它的个人消费贷款产品"微粒贷"也服务了大量的科技型企业职工。

4. 机改

（1）客群经营变化。部分银行调整零售客群经营策略，对长尾客群进行集约化经营，一大变化是将原来 AUM 值 5 万以下的客户改为 AUM 值 20 万以下的客户进行总行、分行集约化经营（主要是企微直营），挖掘新的增长点。AUM 值提升至 20 万以上后，移交给网点客户经理做专业化服务，网点客户经理主要服务 AUM 值 20 万以上、500 万以下的客户。AUM 值提升至 500 万以上后，移交给私人银行团队服务。通过挖掘三类客群潜力，将存量客户转化为信用卡新客户。

（2）组织架构变化。2022 年以前，银行组织架构多为由合到分，好处在于多点接触客户，专业化服务客户，管理决策体系更全面。前年以来，银行组织架构转向"由分到合"，好处在于打破部门银行壁垒，缩短管理半径，减少信息沟通成本，提高协同作战能力，"集中力量办大事"，更合适于当下一体化经营、存量竞争的发展周期。

从节约成本、合规运营、战略转型等角度综合考虑，对传统信用卡中心进行改造，部分股份制银行和地方银行终止了一些城市区域的分中心营业，裁撤了大量直销人员（多为外聘），信用卡营销职能并入分支机构。部分银行在总部和一级分行组建零售金融部、零售信贷部或者消费金融部，将信用卡中心并入，信用卡中心不再保留为一级部门，成为二级部门和零售业务板块。

有的银行总部取消了片区推动部，实行直达分行的扁平化管理。取消了行业属性的事业部制度，将多个事业部合并为一个部门，或者归并回各个分行，赋予一线更大的资源和决策权，"做强分行"成为新流变。但专业化程度较高、与分行业务交叉少的事业部仍然有所保留。

> **小贴士——**
>
> 　　世界顶尖的通信科技公司华为把"向国内外先进的同业学习"写进了它们享誉世界的管理大纲——《华为基本法》。关注同业的积极变化不仅是为了学习同业，它也是一个检视自我、改进不足、后发赶超的过程。当然，如果你的积极变化能被同业学习，未尝不是一件好事，同业赶上来了，也能促使你加快前进的步伐。

金句 56　关注信息技术与信用卡业务的有效结合

当前，各家银行正在如火如荼地开展大模型布局，呈现出"百模大战"的常态，以人工智能为核心的新质生产力正在加速形成。无论是产品升级换代和支付结算方式的改变，还是营销渠道建设和营销模式的优化，都离不开信息技术。"信息技术"与信用卡业务的深度融合，让信用卡业务的现在多姿多彩，未来充满期待。

如今，以支付宝、微信、云闪付等为代表的"扫码支付"和"在线支付"是支付的两种主要方式。指纹支付、人脸识别支付、无感支付、NFC支付等也是老百姓支付方式的重要选择。双离线支付、光子支付、声波支付、虹膜支付等新支付方式层出不穷，市场变成了技术比拼的大擂台。作为重要的支付结算工具，信用卡也强行进入了"被绑卡"的行列。虽然无法预期未来哪种支付方式会更有市场，但信用卡如果不主动参与支付市场的每一次革新，有可能在一段时期后，会失去消费市场的一块"奶酪"。

视频、手机银行和App、扫码、银行外出的移动柜台等新兴渠道持续优化信用卡业务流程，提升全流程处理效率。与芯片结合增加了信用卡的安全性和多功能性，实现了一卡多应用，尤其是在交通、健康、会员、社区、手机等领域的应用较为广泛。银行卡测体温，刷卡时卡面亮灯，扫描卡面呈现虚拟音像；部分银行AI客服非人工占比达到90%以上；招商银行基于独享和专属服务的信用卡"福利社群"模式，人数突破500万，形成B2C2B正向循环的生态价值。

区块链技术"去中心化""分布式账本""智能合约""智能社会"等技术特征，能够有效解决"客户身份验证、信用构建、数据统一和共享、反洗钱、独立复用"等业务问题，单点出现故障不影响全局使用，帮助部分银行建立了信用卡分布式核心系统。

总之，先进技术与信用卡业务的一次次深入融合，推动信用卡业务各板块持续向前，也是银行通过发展新质生产力增强发展新动能的重要体现。

小贴士——

时至今日，信息技术对于信用卡业务的意义不言而喻，发卡银行要关注信息技术，了解信息技术，运用信息技术，提供更加便捷、安全、智能、个性化的信用卡服务，改善客户体验和提升忠诚度。它通过对产品、流程、平台、系统等进行数字化改造，让观念更新，让效率提升，让能力升级，让产品创新，让业务变革。

信用卡管理之精细管理篇

随着信用卡业务进入新发展阶段，在充满挑战的赛道上，对精细化管理提出更高要求。信用卡业务的精细化管理涉及营销、审核、风险、服务、流程、系统、考核等多个方面。"结果不好"一定是过程出了问题。精细化管理是对过程的有效管控，这个过程包括调整心态、改进方法、把握商机、抓住要点、解决问题等。

金句 57　心不要急，但动作要快，关键是方法要对

良好的"职场心态"自始至终贯穿着成功者的职业生涯，因为心态和职场的关系是相得益彰的。管理者时常会遇到需要协调解决"客户、分支机构、领导、下属、同业、监管部门、内部合规"等问题，还有核心业务完成情况不理想、资产质量不好等关键性指标带来的"工作烦恼"。有意想不到的突发阻碍，有资产质量的攻坚挑战，有业务转折的关键节点，都需要管理者静下心来，找到正确的处理路径。

核心指标是业务发展的基础，事关整体的质量、规模和效益，例如，分期交易额、信用卡活跃客户净增、贷款余额新增、逾期贷款回收等。在推进过程中，往往由于资源配置不足、各级管理者重视不够、预审核目标客户数量有限、产品市场竞争力不强、审核通过率不高等原因，造成核心指标落后于同业或者落后于序时进度。

此时，管理者需要迅速找到关键性原因。资源不够申请资源或者调配资源；通过召开重要会议、培训、加大考核和通报等方式提升各级管

理者的重视程度；通过合理化定价、增加用卡回馈、完善产品功能等方式提升产品的市场竞争力；补充大数据预审核客户总量，调整客户申请准入政策和授信政策，提升自动审核处理率，制定行内联动营销、行外联盟营销考核办法，增强智能化催收频率，多重并举提升质效。

部分同业在核心业务的市场推广中，通过降利率、提高回馈标准等方式迅速抢占市场，有可能还把您的产品价格公开与其做对比宣传。这时候需要管理者迅速做出反应，正确有效处理，因为市场不等人。一是通过合法渠道进行沟通和协调，快速降低"价格"对本行的负面声誉影响。二是对比使用规则，例如，是放款计费还是用款计费，提前还款是否收费，还款周期是否一样，还本还息期限有无差别等。三是可以适当分级分类降价，增加售后服务内容，提高用卡回馈，进一步完善产品功能，以及给予其他产品办理等方面优惠，迅速将市场的负面影响降至最小，快速恢复用户信心和提升产品的市场竞争力。

小贴士——

目前，国内发卡银行有 50 家左右，电商平台发行类似信用卡、享受一定免息期的知名网贷产品不下 10 款。某个产品创新、某项流程优化、某块政策调整、某个渠道应用、某项科技赋能都能带来发展机遇，也许还能够改变现有的市场份额。面对激烈的竞争、从严的监管、承压的资产、放缓的增速，要快速调整和适应，关键是找到正确的方法去应对。

金句 58　敏锐判断并及时把握商机

管理者要及时捕捉市场信息和分析市场变化，对商机和危机要有准确的判断。存在重大风险隐患的业务要及时终止或者杜绝，敏锐判断及时把握有利于业务发展的商机。有的时候，商机就在一瞬间，稍纵即逝，甚至就在危机中。

例如，某地方出现地震、洪灾、凝冻等，考虑联合当地慈善机构在今后一段时期推广具有公益性质的信用卡产品。在世界读书日、世界环境日、母亲节、三八节、大型运动会（如冬奥会）、展览会、国际重大活动等考虑举行有关主题的新卡发行、办卡和用卡活动。交通银行在上海世博会期间发行了"世博主题"信用卡，开展了大规模的卡面设计大赛，在世博园区组织专业人士进行贴心服务，赢得了良好的市场口碑，收获了大量客户。工商银行、交通银行、浦发银行等结合"生肖龙年"，推出多款文化主题信用卡，丰富信用卡的品牌内涵。

多家银行在符合监管政策的前提下，整合多款分期产品，不再专项用于购车、装修等，通过绑定分期专用卡（将分期额度转到借记卡，不具备转账、存取现金和投资理财功能，对房地产、股票等部分进行了消费限制）等拓展了分期产品的消费场景，通过 MCC 码管控卡片交易的行业。多家银行广泛开展"空中"发卡，秒批后生成卡号，即时绑卡实现支付。

支付宝推出的刷脸支付、长辈模式、亲情账户、一码通等获得广泛认同。微信支付秉承支付为民的宗旨，通过刷掌支付租赁共享充电宝、过闸机等应用场景，助力便捷消费新体验。移动支付创新不仅为支付宝和微信的个人网贷产品提供了新发展机遇，也为信用卡绑卡消费打造了便捷支付场景。

> **小贴士——**
>
> 邮储银行率先推出"村 BA"联名借记卡，推动文化赋能乡村振兴，期待银行发行"村超"联名卡。任何一个正能量的市场

热点，都有可能成为赢得客户、打造品牌、创造价值的良好机遇。不符合国家和地方政府政策支持的产业或者行业，都有可能成为信用卡资产质量潜在的风险隐患。管理者平时要准确把握好市场情况，敏锐判断，相机而动。

金句 59　主动解决基层面临的问题

开办信用卡业务的银行，奋斗在营销一线的员工和负责线上服务的直营经理，是信用卡发卡、分期、商户收单等市场拓展和业务持续性增长的"顶梁柱"。基层工作千头万绪，管理者必须主动解决好"最基层"的问题，才能有效促使"真正做营销的人"持续推进业务增长。

1. 解决申办手续问题，提升营销质效

工商银行、建设银行、招商银行等多家银行在网点均有信用卡目标客户精准营销系统，大量的目标客户信息被装在系统中，匹配预审核信用额度。客户来网点办理业务时系统会主动提示员工"客户可以办理信用卡"，客户也能在叫号单、手机银行等渠道看到"温馨提示"。客户申请信用卡时如果没有高额度需求，只需要提供身份证，无须再提供其他证明材料。进件后符合银行模型标准的高评分客户，由系统自动审核通过，无须再人工干预。这种精准营销、自动审核模式为前端的营销成功率和后端的审核通过率提升带来了极大帮助，在方便客户的同时，也降低了营销难度。

多数银行加快数字化赋能步伐，全面发力线上渠道，添加客户企微后，直营经理能看到每个客户的专属"标签"，例如，"未办理信用卡"标签。"线上个性化营销服务"已成为银行经营发展的又一重要趋势。

加强信息技术在信用卡营销、审核过程中的应用，积极收集信息数

据和借助相关信息查询平台，厚植数字化底座，持续优化申请和审核流程。通过建立起"用最精准的数据、用最简化的手续、最高效的审核赢得目标客户"的营销机制，有效地提升基层营销效率，扩大营销产能。

2. 解决考核奖励问题，赋能业务增长

不少银行的基层员工（从事多产品营销岗位）每个月的工资很难被细化，特别是营销各种产品的绩效奖励均被作为工资一起发放，不知道其中有多少是通过做信用卡业务得到的奖励。一定要让基层员工知晓信用卡产品营销的奖励规则，清晰地知道每个月的绩效奖励里面有多少是信用卡绩效，并且有详细的产品营销奖励明细。试想，如果员工发现做信用卡业务得到的奖励在他工资里的占比较高，贡献较大，他肯定会持续主动地做好信用卡业务。要让考核成为提升基层营销动力的指挥棒。

3. 解决沟通传导问题，促进团结奋进

不少银行由于机构和人员众多，管理半径较大，存在着信息传导滞后、缺失和沟通不及时等问题，基层营销人员在信用卡业务推广过程中会遇到不同的困难，尤其是对申办政策的掌握不透彻，对最新的产品和优惠活动不了解。管理者一定要建立起信息查询和沟通的平台，可以是内部邮件、电话、微信群、公众号等方式。总之，一定要有，必须长期固定，同时要方便员工自助查询和使用，一切信用卡业务的问题到达这个平台后要得到及时有效的答复和处理。也可以通过这个平台发布一些实用的信息，例如，信用卡产品小贴士，每周晨会内容，用卡优惠活动荟萃，网点营销指南等，以便员工学习和及时掌握信用卡业务的最新信息。

适时请基层员工参观信用卡业务部，或者进行跟岗学习，充分了解信用卡业务的运营操作流程。管理者要整合各类业务模块，成立多个业务支持小组，例如，"营销＋审核""商户＋促销""优惠＋活客"，定

期走访基层。主动分析和组织学习"通过件和拒绝件"，传导政策，明确重点，听取建议，现场答疑，共同拓展市场。

小贴士——

　　"纸上得来终觉浅，绝知此事要躬行。"建立畅通与基层沟通的渠道，做好基层的"传道授业解惑"工作。在这个过程中，多听取基层意见，多解决基层诉求，多注重亲身实践，多发掘先进做法，多形成基层智慧。这样，有助于管理者更好地掌握基层的运行情况，便于同题共答和统筹推进。

金句60　把"现场管理"摆在突出位置

　　近年来，随着移动金融的高速发展，多项金融服务可以通过手机银行、微信、网点智能设备等自助办理，各家银行在持续优化物理网点的布局，但网点很难被完全取缔，因为在人情冷暖和增进客户感情方面，机器暂时无法替代人工。网点作为客户营销服务的重要场所，它的背后汇聚着一系列现场管理问题。

　　对银行网点而言，现场管理包括内、外部营业环境布置，设备、用品的摆放和厅堂布局，服务形象及礼仪标准，业务规范化操作流程等。除了做好上述规定外，网点作为与客户交流的重要场所，还要从以下几个方面加强"现场管理"：

　　（1）根据客户的需求，通过语言、手势或陪同等方式将客户分流引导至相应区域，客流量大时既要减轻柜台压力，也要开展差异化服务。大堂经理一般在智慧柜员机周围指导客户办理业务并推荐产品，所以，把叫号机放置在离智慧柜员机较近的地方，便于服务和分流。

　　（2）将距离相近网点和业务规模相似网点纳入为网格化管理，网点之间可以根据到店客户量、业务办理需求、排班规划等，在高柜、低柜、智慧柜员机等场景下调整劳动组合，重点保障在网点业务高峰时段窗口对外营业。

（3）结合实际情况调配人员增开弹性高柜或低柜，例如，春节前规律性人流高峰。原则上在保障高柜正常运行的前提下，优先考虑增加低柜（含大堂经理）或者客户经理。管理者平时要关注下天气预报，天气不好，来网点办业务的人员相对减少，可以做一下弹性排班组合，让营销能力突出的人员在晴天上班、上门外拓等。把业务能力强、积极性高的人员放在办理复杂业务和更能产生价值创造的岗位。

（4）客户来网点后，不能简单把客户往自助设备上引导，尤其是对于高净值客户和重要的对公客户，适当的"情感"交流有利于客户关系维护。通过识别商机提示，例如，提示预审核额度在 20 万元以上的信用卡客户，极有可能是行内外高净值客户，要主动介绍给负责人、客户经理做好理财等多种产品的综合化服务。

（5）进一步减少包括信用卡在内的柜面纸质资料及回单，减少基层员工手工操作带来的风险。引导员工经常使用类似机器人流程自动化（RPA）系统，例如，账单分期自动录入工具，可以提高信息准确率，降低人工作业时间。

（6）由于产品种类众多，有必要在网点设立包括信用卡业务在内的多个"业务专员"，术业有专攻，通过"一带多"的形式，增强全体员工专业技能，持续推动网点信用卡业务的发展。

（7）不少银行在网点设立了劳动者驿站，为广大劳动者及社会公众提供消费者权益保护知识、普惠金融知识、党建知识等公益宣教服务，以及休息、饮水、如厕、充电、热饭等便民服务，为公共事业提供便利和公益服务，取得了良好的社会评价。

（8）建立优秀的网点文化，使优质服务成为行动自觉。打造令客户满意的服务团队，令员工满意的员工之家，让网点成为客户和员工向往的"家园"。

其实很大程度上，网点信用卡营销得好，与网点"现场管理"做得好有很大关系。网点主动迎接客户、问候客户、送走客户、减少等候时间、高效处理客户疑问等，这些都是提升服务质量的基础性工作，容易得到客户赞扬、形成良好口碑的工作。客户之间相互推荐，一传十、十传百，会有越来越多的客户来网点办理业务，带来更多的营销商机。

> **小贴士——**
>
> 现场管理是结合实际进行动态管理的重要方式，随着银行经营模式深刻的变化，对现场管理提出了更高要求。银行加强现场管理可以提高员工综合素质，优化营业秩序，使网点氛围更为和谐。优质高效的现场管理能持续改进服务质量，树立品牌形象，实现客户满意度和经营效益的双重提升。

金句61　业务通报要展示要点

业务通报的形式有多种，涉及的内容也较为广泛。认真梳理下来，仅信用卡业务的指标不低于20个。有的指标需要每日通报，督促相关人员常抓不懈。有的指标只需要定期通报，提升的关键在于平时做好基础性工作。从内容上看，通报需要把握好发布时间、发布频率，并展示好"过程管理"，完成情况以及奖罚内容等。

（1）总行对一级分行下达发展总量指标，一级分行对各二级分支行下达推进指标，同时结合渠道、商机、客群等分类推进。信用卡业务部持续做好组织推动，天天抓，不论是客户增长还是分期交易，均要制定每日标杆计划，强化客户来源的"过程化"管理，细化到商机处理率、每个渠道甚至是每个营销人员的产能等。

表 1　信用卡"各渠道"进件

机构	手机银行		××App		××合作平台		企微		网点		直销	
	进件数	客户新增	进件数	进件数	进件数	客户新增	进件数	客户新增	进件数	客户新增	进件数	客户新增
A 行												
B 行												
合计												

表 2　信用卡"各目标客户"进件

机构	商机处理率			房贷客户		代发客户		普惠客户		分期客户	
	提示商机数	进件数	客户新增	覆盖率	客户新增	覆盖率	客户新增	覆盖率	客户新增	同步办卡率	客户新增
A 行											
B 行											
合计											

"各渠道"进件主要通过线上、线下统筹推进，其中，手机银行、××App、××合作平台、企微等线上渠道，对数字化经营要求较高。主动向目标客户推送营销权益和申办链接，也有部分客户自行在线申请。

"各目标客户"进件主要通过进一步明确各岗位之间的营销目标和

职责，强化一体化经营，持续提升各岗位贡献。

（2）分期业务要通报自有渠道和外部渠道的进件数，以及审核通过金额、已请款金额、待支用金额、支用金额（交易额），做好各流程环节的精细化管理。专项分期的贷款投放量大、周期长，要有贷款回收、新增额的预测。

表3　进件统计

机构	自有渠道进件数						外部渠道进件数					
	网点	外呼	直销	企微	手机银行	××App	车商	装修公司	物业公司或房地产公司	合作平台	合作商户	外包
A行												
B行												
合计												

（3）消费交易额的通报主要分为五大类：线下刷卡交易额、取现交易、线上支付交易额、境外用卡交易额、分期交易。平时要加强对交易行业、交易商户、交易类型、交易时间、第三方绑卡等分析，结合客群分类管理，例如，年轻、车主、商旅、公务、高端、县域、老年、分期等，便于了解各类客群消费特征，开展针对性促销活动，提供个性化服务，改善客户体验并提高忠诚度，持续做好贷后管理等。

（4）商户收单业务要通报交易量、对应账户的资金沉淀量（个体工商户、民营企业要考核实控人和股东的资金增长）、贷款（以普惠口径贷款为主，也包括大、中型贷款）以及手续费净收入，也要做好风险监控，尤其是商户的套现行为。

（5）信用卡客户服务的运营质量通报包括投诉量、自助渠道业务处理量及占比、人工电话处理量及占比、争议差错处理情况等；把监管转办投诉与举报类投诉设为扣分项，高度重视投诉的内容与社会热点、焦点的关联程度（收费不明、服务态度差、账务调整慢和错、卡片交易管控、营销活动不实等）；设定加分项（微信绑定率、电子邮件填写率、自助查询率等）。目的是提升处理效率，有效减少人工处理量。

（6）通报征信审核岗、授信审批岗的作业质量，每个环节待处理量是多少，同时考核作业效能，包括作业量完成情况、差错率、审核通过率（与平均水平的差异）、新办卡用卡逾期率和不良率。目的是最大限度地减少误判和道德风险，提升作业质效。将某个周期内的客户交易情况、还款情况、效益创造等纳入考核，会更加体现经营管理和风险控制水平。

（7）风险管理要通报贷款余额、逾期率、逾期额、不良率、不良额等，对逾期30天内要重点管控。催收（含委外催收）要分别通报逾期和不良的回收率、回收金额和计划完成率，以及协商还款金额和协商后的下迁情况。核销要通报核销计划完成率、核销金额以及核销后的回收情况。

> **小贴士——**
>
> 通报既是分支机构完成情况的展示，也有相互间的"比学赶超"，目的是让分支机构的管理者对业务指标完成情况做到"心中有数"。通报内容要直观、精确，突出"过程化"管理的重点，找准问题的关键，可以配上一些活跃气氛的图片，领先者和落后者的奖罚情况，以及优秀机构和个人的经验分享，以便相互学习，团结奋进，达成业务发展的目标。

金句62　重点业务常抓不懈，自我纠偏要快

随着数字化转型的深入，网络已成为银行最主要的信用卡进件和获

客渠道，网点和上门直销仍然是重点渠道，它们事关全盘产能，必须重点管控。重点指标是效益增长的引擎，按天持续推进。平时还要对交易结构、产品结构等进行分析，发现问题及时纠正，避免影响业务高质量发展。

1. 重点渠道管控要精细，关注每一天的产能

管理者要主动梳理，哪些是当前发卡、分期进件的重点渠道，必须每天关注产能，不能有丝毫放松，例如，工作日网点正常情况下日均进件 300 张以上，突然连续 3 天均在 200 张以下，管理者必须迅速找到其中的原因，是受了新政策影响？线上线下商机提示数量降低？营销人员去做其他指标？大家放松了思想？还是资源配置没有跟上等等，然后采取相应措施，使网点迅速回到正常的进件量上来。

2. 重点指标推进要持续，机构越大越怕反复

现在分支机构面临的指标较多，经常会出现管理者盯哪一项指标盯得紧，分支机构就更重视，推进更有力。对于像分期交易额增长、信用卡客户净增、第三方支付绑卡等重点指标，必须要按天持续推进，养成分支机构"每天必做"的习惯。如果出现时松时紧，就会造成部分分支机构"不抓不做"。对于有着成千上万个分支机构的银行而言，重点指标就像一艘巨轮，偏离度越小，越容易校正。如果重点指标严重跑偏，再想回到正常航线，花的精力要大得多。

3. 结构纠偏要迅捷，避免形成潜在风险

从当前信用卡消费交易结构来看，网购交易的笔数和金额均位列首位，外卖次之，接下来是教育、服饰、外出用餐等，这是正常的生活消费方式。如果某个时间段某样本客户在批发类商户的交易金额比住宿或者旅行多，要么存在批量套现的嫌疑，要么是消费结构出现了问题，管理者必须仔细查找原因，立刻纠偏，使其回到正常的轨道上。某个单位

或者某个区域的新办分期客户批量逾期，例如，某个单位组织员工集体办理分期购车，单位承诺每月承担每个员工的还款，但后续实际未还，形成批量逾期等，均要主动分析原因，主动进行贷后管理。

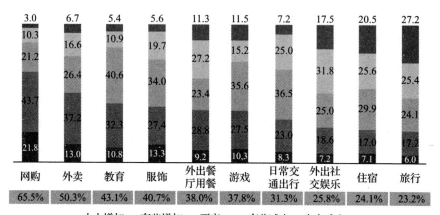

图 1　相比疫情前，各场景使用信用卡的消费频率变化

资料来源：《2022 年中国信用卡市场分析报告——市场营销环境与发展规划趋势》。

例如，在当年净增发卡中，某网点的发卡大部分是由 0 额度的大学生卡组成，而重点产品、主打产品的占比偏低。管理者要通盘考虑质量和效益的关系，虽然大学生卡的营销难度低，容易完成任务，但它带来的整体收益远远不及其他卡，所以，计划中应充分考虑大学生卡的占比上限。

小贴士——

在信用卡与手机合二为一的主流时代，绑卡支付已成为最普遍的支付方式，网购场景的优惠活动对信用卡客户普遍具有吸引力。管理者应重点推荐"信用卡绑定第三方支付"，优化权益的领取和使用流程，力争成为支付"主卡"。定期通过大数据分析、系统监测等进行分支机构营销、持卡人消费"回头看"，重点业务常抓不懈，发现隐患及时排除。

信用卡管理之组织推动篇

组织推动是一项"立体"工作,由"点、线、面"组成,"点"上围绕客群、产品和服务做,"线"上形成制度、考核和方法,"面"上要有行之有效的市场打法和经营策略。组织推动没有"定式",但"方法"有很多种,例如,党建、考核等。组织推动是一个结合实际、持续优化的过程,没有最优只有更优,结果是检验组织推动过程的最好方式。

金句 63 发挥"党建融合"引领推动

进一步发挥党组织的领导核心和政治核心作用,在深入推进信用卡业务转型中发挥党建的独特优势,夯实基层党建堡垒,扎实开展"学"和"做",认真做好"帮"和"带",通过党建凝聚人心,强化内部管理,实现与业务的有效融合,引领业务持续健康发展,在队伍中树立风清气正的良好氛围。

1. 在"学"上统一思想

(1)管理者要带头学习党章、党规、党纪,把深入学习贯彻党的二十大精神、中央金融工作会议精神和习近平总书记系列重要讲话作为"必修课"和"第一议题",坚持深入系统学、带着问题学、联系实际学,坚持正面引导和反面警示相结合。

(2)全体党员要扎实开展党纪学习教育,不断增强纪律意识,提升党性修养,用党规党纪校正思想和行动,砥砺本色,固培正气,以严的主基调推动全面从严治党向纵深发展，不断提升党的创造力、凝聚力和战斗力。全体党员要充分发扬斗争精神，增强斗争本领，践行金融工作的政治性、人民性，提升专业性，巩固拓展学习贯彻习近平新时代中国特色社会主义思想主题教育成果。

2. 在"做"上引领业务

学习是为了解决各类问题，将党建工作与业务有效融合，坚持问题导向，充分发挥党建引领业务发展的作用。

（1）多渠道宣传先进党员的事迹和案例，发掘先进人，总结身边事。结合业务发展，有组织地开展评选"党员业务能手""老当益壮奖""群众先锋奖""杰出青年奖""最美银行人"等，贯穿"党员、群众"和"老同志、年轻同志"，提振精气神，多种形式激发员工干事创业的工作热情。

（2）让各年龄段党员更加积极主动地参与到工作中来。"党建+"融合已成为新时代基层党建工作的一种创新模式。在实际工作中，某些复杂的工作不一定要由负责人牵头，也不一定要由业务骨干做，可以由党员（含预备党员）甚至由年纪较大的党员牵头做，也可以组建党员团队、党员加群众团队，让各年龄段党员充分参与进来，实现"党建+项目拓展""党建+乡村振兴""党建+××突击队"等，充分发挥党员在业务发展过程中"带头攻坚、勇于担当"的作用，把党员培养成骨干、把骨干培养成党员。

3. 在"帮"上促进发展

（1）发挥党组织的帮扶作用，运用"批评和自我批评""四下基层"等工作方法，巩固拓展主题教育成果，建立健全长效机制，树立和践行正确政绩观和权力观，持续深化整治形式主义为基层减负，引导党员干部学纪、知纪、明纪、守纪。夯实思想基础，解决基层困难，促进业务发展。

（2）通过党组织帮助思想滑坡的党员解决思想认识问题，通过先进党员帮助后进党员解决主动性问题，通过老党员帮助群众解决思想进步问题。机关党员要积极与基层网点开展党建结对子活动，点对点进行帮扶，党员作为责任人，可以是点对点帮人、点对点帮业务。总之，要点对点解决问题。在各级党组织中努力营造"党员积极参与工作，党建促进思想进步和引领业务发展"的良好氛围。

4. 在"带"上提升占比

（1）业务骨干逐步年轻化是当前银行员工成长的一个重要趋势，但业务骨干中的党员占比还有待提高。年轻人要进一步解放思想，积极向党组织靠拢。要积极倡导团结互助、相互尊重的团队精神，鼓励新老员工之间相互学习、相互帮助，形成良好的合作氛围和学习氛围。

（2）明确传帮带内容、完善传帮带机制，先锋模范党员、老党员可以充分结合自己的工作经验、先进思想，因材施教、注重实践，协助党组织发展业务骨干成为党员，持续壮大党员队伍，在业务骨干中持续提升党员占比，树立先进思想，稳定优质队伍，让业务骨干全身心投入到银行高质量发展的伟大事业中。

小贴士——

　　将党建与业务深度融合，充分发挥党建引领业务发展的作用，推动在工作中淬炼"忠诚、干净、担当"的政治品格，弘扬"科学、求实、创新"的精神，形成"学先进、找差距，比贡献、促发展"的浓厚氛围，因地制宜发展新质生产力，促进全体员工立足岗位，干事创业，团结奋进。

金句 64   部门"专业化"精细推动

各级信用卡业务部要正确找准自己的职能定位。从经营管理的角度看，信用卡业务部不仅是业务管理部门和经营部门，也是客户和分支机构的服务部门，在工作架构上要结合市场特征进一步优化岗位配置和完善工作职责，在指标铺派和资源配置上要突出重点和注重实效，在通报方式上要直观精准，在重点业务推进上要传导方法和持续赋能。

1. 工作架构

部门在工作架构上，要根据渠道建设和管理、市场状况、业务分类、运营流程等进行合理有效分工，在岗位相兼容的前提下，可以一人兼职几个岗位或者承担多项职责，从岗位上确保系统推进的效率（见表 4、表 5）。

表 4   工作架构（一）

客户团队	分期团队
网点渠道	网点渠道
自有电子渠道（App、直营、云工作室等）	商户渠道（装修公司、经销商等）
外部电子渠道（电商平台、微信等）	外部电子渠道（电商平台、微信等）
直销渠道	自有电子渠道（外呼、客服、直营、App 等）
产品管理	外包渠道

表 5   工作架构（二）

商户团队	风险管理团队
场景建设（App、促销活动等）	征信审核、授信审批
个人商户渠道（零售条线）	风险监测（套现、非法交易等）、质检
企业商户渠道（对公条线）	催收、核销
中台支撑（审核、设备、巡检等）	合规管理、法律事务

在条件允许的情况下，设置综合团队，负责财务、档案、办公等。设置数字化经营团队，负责模型优化、系统开发和维护、白名单客户管理、客户行为洞察和决策、产品开发等。

工作架构的专业化，很大程度上决定了对分支机构业务指导和解决问题能力的专业化。笔者建议，数字化风控系统相对成熟的银行，可以将征信审核岗、授信审批岗合并为一个岗位，进一步提高中台流转效率。

2. 指标分配

科学合理地制订发展计划，分配指标，让分支机构抓住核心，沿着正确的方向推进业务。

（1）指标分配在潜能范围内要合理，分配时统筹考虑客户覆盖度（符合条件但没有办理的客户数量，例如，预审核目标客户、代发工资客户、个贷客户、行内高资产客户等），分支机构的网点数量，网点人数，对公客户数量，存量客户，上年的计划完成情况，经济状况相近、常住人口数量相当的兄弟行情况等，分别占一定系数。有些银行改变了考核方式，不下达计划，而是以市场为导向，以同业或者系统内排名所对应的数据为计划，让计划更加合理。

如果指标分配的"尺度"不公平和不公正，得不到绝大多数分支机构的认可，一定程度上会影响分支机构的积极性，或者成为分支机构"讨价还价"的口实。

（2）按照"核心指标、重点突破指标、数字转型指标"进行分类，例如，将"分期交易额增长、信用卡活跃客户净增、收单交易额增长、中间业务净收入完成率及占比提升、逾期贷款控制率、税前利润完成率"6项指标作为核心指标，在确保完成的基础上争比贡献；将"年轻客户净增、第三方支付绑卡增长、客户服务质量考核、房贷客户和代发客户信用卡覆盖率、新车购车分期覆盖率、新房装修分期覆盖率"6 项指标作为重点突破指标，全力完成；将"电商平台客户净增、电商平台分期交易额增长、绿色分期交易额增长、客户自助服务提升率、电商平台收单交易额增长、涉案账户管控目标完成"6 项指标作为数字转型指标，长效推进。

管理者在指标安排上要突出重点，有保有压，否则分支机构可能把握不好"核心指标"的节奏，最后往往增加了人，投入了费用，但价值创造达不到。

3. 通报方式

抓住核心业务，找准问题环节，使通报内容尽可能做到直观和精准，在方式上可以不断求变，对业务发展起到促进作用。

（1）企业微信、数字化经营快报等定期通报；

（2）下往上报，例如，报送连续两个工作日没有信用卡进件的原因；

（3）微信建群通报，这是当前最流行的方式，但由于业务多，群也多，有可能漏看或者不看。所以，在微信群里面除了通报指标，还要搞一些"提神聚气"的活动；

（4）邮件抄送主要负责人，甚至是高级别管理者；

（5）根据客户总量、资源禀赋、网点人数等，把分支机构拆分为几个实力相近的小组，进行 PK 和通报；

（6）经验分享、座谈，集中落后者进行专题培训。

4. 赋能减负

（1）部门负责搭建专业化的培训交流平台，让所有基层网点均有员工轮流参与，在实战中学习和体验业务，改变传统"培训等于上手"的模式，例如，像装修分期这样的重点业务，部门要牵头与装修公司、家居卖场联合开展活动，收集交房楼盘和收房客户信息，让参训网点轮流参与楼盘和装修公司的驻点营销，改变"课件培训后，让网点自己去市场盲闯，然后每天通报"的模式。"事先发现问题，集中处理，比各自发现问题，再汇总处理"效率要高。

（2）部门收集客户和员工在经营管理中的难点和堵点，做好"关键小事""根在基层"等问题的处置，与各经营渠道达成"合理化"共识，让大家"心平气顺"地推进业务。

（3）部门牵头与优质电商平台合作，牵头与集团客户合作，拓展获客渠道。集中催收、核销、抵押办理、上门勘察、权证和档案管理等工作，实现集约化经营。

（4）部门要加强数字化建设，持续供给高质量数据并优化获客、活客、留客模型，教授网点如何使用数字化工具筛选目标客户，制定向客户介绍产品权益和功能的参考话术。

小贴士——

随着内外部环境的变化，对部门"专业化"要求越来越高。"专业化"精细推动的方式还有很多种，包括明确主打产品、统一增加客户权益、高层营销走访、开展直播宣传、优化准入政策等。部门要统筹考虑市场、客户、员工、产品、资源、同业、风控等因素，改进工作作风，密切联系基层，持续做好客户和基层的服务。

金句65　基层"统筹协调"系统推动

从条线划分看，信用卡业务属于银行零售业务条线中的一大板块。从管理架构上看，多数二级分支行把信用卡业务纳入到零售业务部门或者单独成立部门进行管理。县支行基本没有专门的部门去管理信用卡业务，支行领导是业务推动的"指挥官"。多数网点的工作重点主要放在工资和 KPI 分值占比高的指标上。

管理者一定要注重"统筹协调"，有序推进包括信用卡业务在内的多项业务，信用卡业务的功夫在平时，最好不要在关键时点或者"上峰"严厉督办时再组织大家拼命突击。

建议零售业务的工作方案以"4+3+2+1"为目标，具体如下：

"4"＝个人日均存款新增＋信用卡活跃客户新增＋第三方支付绑卡＋零售贷款新增（含个人普惠类贷款和个人消费类贷款）

"3"＝非存款的资产配置＋分期交易额＋资产质量

"2"＝代发工资增长＋价值商户新增

"1"＝结合各类指标推进情况，灵活调整，如举办分期大型团购活动、组织保险沙龙、联合商户开展购物节等。

注：

（1）非存款的资产配置＝保险＋基金＋贵金属 +CTS+ 结构性存款＋信托＋国债＋数字人民币等

（2）代发工资增长和价值商户新增是"打基础、利长远"的强基工程，会带来"有资产客户"的增长，需要持之以恒坚持做好。

"4"代表天天抓，"3"代表持续规划抓，"2"代表联动营销抓，"1"代表找准时机抓。

"资金树信心，产品提士气，代发和商户强基础，风控成久远。"

小贴士——

　　基层机构的管理者要根据"产品属性、客群特征、市场效应、价值创造"等做好日常工作的"节奏性"铺派，给全员订立日常工作重心，"促长板，补短板，突出重点，统筹发展"，系统推进多项业务有序增长。偶尔做一下"打鸡血式"的突击运动会有效果，但长期"打鸡血"效果就不明显了。现在市场上"突击"的难度越来越大，很有可能"突"不上去，关键还是在平时有节奏地去推动。

金句 66　利用"考核激励"持续推动

信用卡是一项"常态化"推进的业务，考核激励往往是推动业务发展的重要方式，但管理者会面临一系列考核激励方面的问题：一是信用卡的资源配置能否有效激励营销前端？是增加客户回馈力度，使营销难度降低？还是加大工资配置，投入更多人力和物力；二是 KPI 的分值能否让营销前端更加重视；三是考核激励是否抓住重点，激励方式有无新意。

1. 在激励导向上要明确重点

不同阶段针对重点指标和短板指标分别采取侧重不同的激励政策，围绕"抓激活、强卡均；上分期、增收入；拓市场、提占比；重渠道、强联动"等进行，方式包括但不限于按照计划完成率给予梯级考核，拿出实际营收的一定比例给予激励；突出某项重点业务匹配资源，实行专项考核，例如，信用卡新客首次绑卡率；给予其他条线联动营销的奖励，提高普惠客户的信用卡覆盖率；开展某个时期专项活动或者攻坚活动等，核心是完成经营计划、提升市场占比和系统排位，创造更大经营效益。

2. 在竞赛活动上要突出方法

部门要把有限资源充分调动起来，不再是单纯的"实现指标增长就给分支机构发放工资和费用"，还有其他方式，例如，给予中收和利息分配奖励、计划调减、休假和培训、总行级荣誉、产品经理职级晋升等，也要鼓励基层行自行开展丰富的竞赛活动。部分银行出现了降薪潮，为保持队伍的稳定性，绩效考核中减少了工资负激励，以达成目标给予奖励为主，也有银行在每个月"计划工资池"内，加强各业务板块的占比调剂，季度或者年度根据"工资池"的结余情况进行清算。

3. 在人员调动上要抓住关键

给予分支机构主要负责人、分管负责人、其他条线负责人、部门负责人、网点负责人等按照计划完成情况、系统和同业排名、占比情况进行专项激励。充分调动管理者积极性，有时候比直接把绩效奖励奖励给某个机构更有效果，因为管理者还可以调配手上的资源，对全员进行更深入的"调动"。对管理者积极性的调动，按照"强化执行，赋予荣誉，适当奖励，政策支持，兼顾培养"的原则进行。

部分银行为了强化一体化经营的成效，给予房金条线、直营经理、个人客户经理、对公客户经理、外呼人员等单独考核，增大联动营销的贡献。

4. 在考核方式上要科学合理

区块链技术被誉为下一场金融革命，由于它具有"去中心化""共识性""促进性""开放性"等特征，如果合理应用，能够一定程度上解决绩效考核中"吃大锅饭""价值链分配不合理""目标明确但力量不足""业务相互交叉但协作不够"等问题。以网点专项分期营销为例（见表6）：

表6　分期营销情况

目标	考核标准	客户信息登记					
季度完成3000万元分期交易	按照交易额的2‰给予工资	申请日期	客户姓名	证件号	产品类型	交易日期	交易金额
	完成计划120%或者交易额排名同业第1，工资上浮20%；未完成计划或者交易额排名同业第2（含）以下，工资下浮20%	营销人员（占工资70%）		资料整理及请款（占20%）		绑定快捷支付2种（含）以上（占10%）	

　　按照上述方式，将专项分期业务分成一个区块，营销端和售后端各相关人员均是这项业务"任务链"上的推进者，都能按照劳动参与分配，共同推动，一直到最后形成支用。

　　（1）管理者只负责制定目标，去掉绩效分配的"中心化"作用，分多少、如何分，在有限的资源范围内各产品如何配置，需要推动的产品较多，如果不统筹好，那么也分不好。营销端看不到"成效"，售后端认为"白干"，结果一团乱麻，大家干脆就"吃大锅饭"，能做就做，最后影响业务推进。

　　（2）网点员工投票自行选举出"薪酬小组"来制定考核标准和各业务环节绩效分配比例，按员工编号对营销业绩进行统计管理。营销人员不再担心营销端的专项分期见不到"成果"，也会主动关注售后端的处理情况。售后端能主动做好售后服务，还有可能催促营销端加快进件，甚至主动参与营销。各环节相互之间加强协作，快速流转，共同促进提高进件质量，提高审核通过率。如果不通过，营销端"白干"，售后端"没活干"。

　　（3）作为目标任务的负责者，大堂经理、产品经理会主动做好专项分期营销，也会带动网点其他人员参与营销，形成更大的合力。

　　（4）引入员工互评机制，拿出总绩效的一定比例进行分配，使"员工互评工资"成为员工绩效工资的重要组成（见表7）。

表7　×月员工互评得分表

姓名	主营业绩本职工作完成（40%）	区块链环节效率（15%）	联动经营（15%）	服务质量（10%）	员工互助(10%)	加班表现（10%）	得分
A							
B							

相关内容没有"定式"，可以结合阶段性工作重点进行调整，目的是解决绩效考核没有覆盖的领域，或者暂时无法用数据进行量化的一些工作，例如，筹划大型活动、开发某个集客小程序等。"员工互评"会促使员工在日常工作中相互提醒、相互帮助，营造团结奋进的氛围，也会激励员工主动加班处理部分事务性工作，尽量不占用上班期间宝贵的营销时间，使整个网点达成价值创造的共识。

（5）部分机构建立了专项基金，对做出突出贡献的团队和个人，包括业务发展、风险防控、经济效益和社会效益，以及在产品创新、流程优化、数字化经营、系统开发等领域取得实质性进展的项目，给予专项奖励。

5. 在风险防控上要明镜高悬

狠抓信用卡"三亲见"工作，防止员工参与套现，伪冒办卡，杜绝非法集资等行为，这是不容碰触的底线。加强大数据分析管理，重点关注新暴露不良、与服务对象资金往来、贷款对象出现批量逾期、高息借贷和高频借贷等背后的员工行为。要关注社会生活比较复杂的青年员工和突然出现家庭变故的中老年员工。避免业务量上去了，但内控和风险指标也跟着上去了。

小贴士——

> 如果管理者为分支机构的行长或者信用卡业务部的负责人，要统筹处理好信用卡业务与其他业务协调发展的关系。信用卡业务部要科学合理地利用资源，发挥好考核"指挥棒"作用，充分调动各机构人员的积极性，统筹好总量和结构、规模与效益、发展和风险，实现稳健、均衡和可持续增长。

金句 67　通过"批量营销"高效推动

"零售业务批量做",这不仅仅是一句口号,而是一条提升营销效率的有效路径。当前,银行零售业务的发展客观存在着一个现实:面对着同业激烈的竞争和承压的指标,在有限的人手范围内,如果只是"点"状增长,产能有限,包括信用卡在内的多项零售产品,要通过整合资源"批量营销",多渠道提升效率,才能保持合理的增长。

1. 利用"大数据"批量做

如今,大数据已被广泛应用在营销、审核、风险控制、客户体验等多个方面,成为划分信用卡竞争格局的生产要素。充分利用行内资源,融合人行、银联、政府部门、企业、电商交易等特色场景类数据,构建"千人千面"的企业级数据管理体系,持续丰富客户画像,作为客户信用评估的依据。通过网点设备、企业微信、App、电商合作平台、手机银行等多种渠道批量推送营销信息,精准触达目标客户。进一步完善客户信用评分模型,保持系统自动审核处理率在合理水平。

2. 利用"技术手段"批量做

在线下热门商户,几大头部电商,结合促销活动,开展"扫码申请、在银行智能柜台自助申请、视频直播推送申请链接、直营点对点推送申请链接、App 展示优惠活动带动申请、联名卡合作平台分享资源在线推荐"等场景化获客营销,以及"客户荐客户"的分享式营销。不少银行经过大数据分析,筛选受众群体的年龄、性别、消费习惯等特征,在微信朋友圈、企微、抖音等投放信用卡广告,在支付时提示办理分期付款,不断提升"移动化、自助化、场景化、精准化"批量获客能力。

3. 利用"整合经营"批量做

(1)通过公私联动围绕代发工资客户、公积金客户、大数据预审核目标客户以及贷款支持单位清单,逐户开展上门批量营销。对于获得银行小微企业贷款的个体客户，配套做好服务。在营销中要重点关注年轻客户的占比，年轻客户是信用卡价值创造的中坚力量。

（2）通过强化综合营销职责，建立公私联动考核机制，例如，给房贷客户经理、对公（含普惠）客户经理制订营销目标计划，让他们有效利用手上的资源开展营销。

（3）通过产品配套开展营销，例如："信用卡＋理财产品"组合，缓解资金流失；"信用卡＋房贷"，扩大信贷产品覆盖面；"信用卡＋手机银行"，在线满足多种用卡服务；"信用卡＋专项分期"，满足大额商品的日常消费支出；"信用卡＋场景 App"，赋能客户多彩生活。

> **小贴士——**
>
> 从银行转型发展的趋势看，集约化经营是实现生态数字化链接、产品精准交付、服务多渠道触达的必然选择。"零售业务批量做"也是银行优化现有经营模式，实现资源复用的可持续发展路径。"零售业务批量做"已是银行构建基础管理能力和经营协同能力，推进"大零售"战略的行业共识。

金句 68   用好"预算费用"合理推动

每年各家银行为信用卡业务发展匹配了相应费用。部分银行和行业专家提出：信用卡进入存量时代。随着户均消费和户均贷款余额下降，费用投入的边际效应在递减。一人多卡时代，客户在不同银行之间切换信用卡消费。如何合理分配费用，抢占客户钱包份额，有效推动业务发展，提升规模收益，让费用的投入得到更好的回报？

1. 坚持"提前规划"原则

至少提前 3 个月做好第二年信用卡业务发展总体规划，除非情况特殊，否则这个规划不要轻易进行调整，例如，明年信用卡业务的目标是净增 30 万个活跃客户，完成 100 亿元分期交易额，实现净利润 8000 万元，明年费用的预算是 3000 万元。

围绕着这个规划做好费用的配比。根据最近三年的指标完成情况做综合对比，并进行市场难度的合理预估，设置难度系数，例如，明年活跃客户的增长相比前两年变化不大，但分期交易额的增长相比上一年翻一番，那分期拓展使用的费用要占更大比例。如果考核重点是年度中收的计划完成情况，就要测算用卡交易（不含分期交易）和年费分别能带来多少中收、各自占比是多少，这个占比可作为费用配比的一个重要参考。

2. 坚持"精细分配"原则

经过每项指标的充分计算和预估，对费用（包括工资、市场活动费、广告费等）分配开展精细化管理。通常情况下，活跃客户净增奖励要占费用总数的 20%，分期交易占 20%，运营成本占 10%（含卡片制作、邮寄费用、产品维护等），营销活动费用占 20%（含分期和用卡优惠等），购置设备占 5%（含 POS 机、新系统购置等），广告费用占 5%（含宣传资料的印制、媒体广告宣传等），科研及新产品开发占 10%，预留 10% 的费用进行合理调剂。

总体而言，费用分配越细越好，并明确使用方向，根据指标进度和其他事项再做一定比例的调配。有的银行为了能在未来的市场上占领高地，近年来在渠道构建、系统研发、场景建设等方面投入的费用占比逐年增加，将原本分散的科技力量集中起来成立拥有数千人的金融科技公司。

3. 坚持"用在刀刃"原则

在实现核心指标增长的关键因素和选定战略生长点上，集中用好现有资源，甚至向行里面申请专项资源，尤其是部分指标要实现"跨越式"增长。选优配强资源，集中人力、物力和财力，全力实现短期目标，并打牢长期增长的基础，例如，将纸质传输变为无纸化传输、自动审核率提高5个百分点、开放存量房交易平台并植入装修分期、与头部电商开展分期付款优惠活动、丰富高端产品的尊贵权益、适当降价或者加大反馈力度提升产品的竞争力等。

多家银行大量实践的数据表明，当前信用卡业务要重点配置在三个方面：

（1）活跃客户增长（以新客户首刷达标、次月活跃率、本科及以上学历、半年内违约率、第三方支付绑卡数量等为调节系数）。

（2）高利息收入的分期产品，持续做大分期贷款余额，这是生息资产。

（3）逾期30~90天的贷款，以及不良贷款的回收。

探索信用卡业务的考核与员工名下客户创造的利润挂钩，鼓励"金点子"，将考核重点向将"价值创造"落到实处的员工倾斜。

小贴士——

"只有夯实基础，才能角逐未来。"业界不少人员认为，目前国内的信用卡市场已过了"跑马圈地"的时期，处于优化生息资产结构、减少客户违约率、提升盈利能力的信用卡周期。信用卡是个"细水长流"的业务，要用好"预算费用"实现短期目标，并多做打基础、立长远的费用投入。

信用卡管理之一体经营篇

当今银行的竞争，越来越体现为"体系化"的竞争，需要业务、员工、系统、制度、政策等多个方面共同发挥作用，整合资源，形成更大的合力。"一体（一体化）"经营是银行转型发展的重要支撑，总体策略思路是通过标准化、模块化、集中化的举措，整合前中后台资源，在"营销、审核、服务、风险防控、流程、政策、宣传"等多方面，形成制度化和常态化，实现业务间的相互支撑，提升整体的经营效率。

金句 69 "一体化"经营是业务发展的必然选择

随着专业化经营的职责逐渐上移，营销重心的逐渐下沉，网点、直销、企业微信直营、App 等成为信用卡销售的主力渠道，信用卡和分期是员工每天向客户重点推荐的产品。随着"跑马圈地"的时代渐渐过去，不少员工抱怨市场开始饱和，营销难度越来越大。各家银行在信用卡业务发展上都面临"如何找到更多客户、继续保持快速发展"的难题。

信用卡"一体化"经营主要指银行通过渠道、数据、政策等方式组织、协调和整合信用卡业务部门与其他部门、其他条线的资源，充分挖掘，不断扩充目标客户来源，降低营销难度和经营成本，同时，共同做好风险防控，进而提升信用卡业务在银行的综合贡献。

当前，10 余家银行的信用卡客户总量突破 3000 万户，少数银行超过 1 亿户。但大部分银行的信用卡客户数量与其个人银行客户总量相比，实际占比还不到 30％。在信用卡推广成本过高，市场拓展难度逐年增大的同时，大量行内客户没有得到充分挖掘，在行内资源利用方面没有真正做深做透。一家个人客户总量上亿的银行，信用卡发卡覆盖率每提升一个百分点，就能带来上百万信用卡客户的增长。更重要的是，做好一个行内客户的产品覆盖比拓展一个行外新客户的成本要低不少。

> **小贴士——**
>
> 通过进一步完善经营管理的模式，组织和整合行内资源，做好跨部门、跨条线之间的一体经营，持续为网点、直销、直营、云工作室、手机银行 App、外呼等多个渠道输送信用卡目标客户，有效降低营销难度，持续夯实业务发展基础，逐步构建"一体化"的经营管理体系。

金句 70   前台"一体化"提高营销效率

前台"一体化"包括数据共享、精准投放、商机运用、线上线下互相引流、联动营销、宣传整合等，核心是通过建立"一体化"经营机制，形成融合化发展模式，减少一次性只办理一项产品、只通过一种渠道推广一项产品的情况，增强客户行为分析，构建营销商机，实现多点触达，确保"一体化"工作在前台取得实质性的成效。

1. 建立数据库营销的一体化

对行内符合办卡条件且未办卡的个人客户数据进行筛选，并加载在信息系统中。该类客户来网点办理业务时，通过产品销售系统、叫号机、智慧柜员机等实现"系统提示可以办卡"的精准营销。该类客户登录手机银行 App 时弹窗提示办理信用卡。直营经理对添加了企业微信的该类客户进行点对点办卡推送。客户经理向朋友圈发布自己的云工作室，推荐信用卡。对行内符合办卡条件的代发工资客户、贷款客户、资产客户、理财客户等加强名单制营销，可通过短信和电话邀约、企微推送、上门等方式营销信用卡。这种方式同样适用于分期等其他零售类产品，提升"指向性营销"的效率。

一名 50 岁左右、AUM 值大于 50 万的客户，如果他有境外用信用卡的记录，那么他的子女有可能有境外留学需求，联系客户营销留学类产品会相对精准，在客户特征上描述为"客户境外用过卡，家庭条件富裕，主动了解子女是否有境外留学需求"。有证券交易记录的客户，购买股票型基金的可能性较大；在医院用信用卡进行大额缴费的客户，购买健康险、寿险的可能性较大。

2. 强化客户营销的一体化

（1）在受理个人住房按揭贷款、为个体客户发放小微企业贷款、销售高收益的理财产品、邀请客户来办理利率下调、配送收单码牌、发放各类补贴款、办理公积金缴存归集提取、提供某商户购物专属优惠等线下业务时，同步做好信用卡的销售。在个人办理消费贷款时，推荐"计收利息的快捷贷款、有免息期的信用卡、大额度的分期贷款"供客户选择。

（2）为在个人贷款中心、公积金中心、政务大厅、4S 店、装修公司、加油站等驻点人员配备信用卡进件的 Pad，开通营销商机查询和提示权限，每日订立营销计划，让这块宝贵资源应尽其用。

（3）个人住房按揭贷款合同的发放，交由网点产品经理和客户经理办理，他们可事先查询客户的产品覆盖情况，发放时同步配置产品，通过此举有效提升产品覆盖度。

（4）开立对公结算账户时，同步营销商户收单业务。

（5）对公信贷企业的贷款资金使用时，应充分了解资金去向，同步营销承接资金的下游单位代发工资、对公账户等业务，为后续职工办理信用卡做好铺垫。

（6）为对公条线长期服务的预算单位办理公务卡，通过零余额账户完成公务消费报账等，推进"阳光"财政建设。

3. 强调宣传整合的一体化

不少银行网点的产品宣传五花八门，仅信用卡产品折页就有很多种，许多产品本身差异化就不大，客户要了解部分产品，有时需要拿很多张折页，既浪费资源，也不利于营销。宣传内容需要精简和整合，例如，信用卡折页涵盖主打产品的核心权益、近期用卡优惠、重点分期产品功能的介绍等。除此之外，可以将信用卡与电子银行产品、理财产品、个贷产品等进行统一宣传，形式包括折页、微信公众号、H5、扫码查询、小视频等，统筹安排活动宣传。

客户办理个人住房按揭贷款后，银行会给客户一个档案袋，保存相关资料，建议在档案袋封面印制银行主推的装修分期、消费贷款等产品，以及微信公众号、企业微信号等，这个档案袋客户一般会保管10年以上，每当客户翻阅档案袋时，就会看到产品宣传，当他有相应需求时，会考虑选择贷款银行。通过银行多产品之间功能上的互补与宣传整合，综合满足客户的金融需求，提升客户的黏性。

> **小贴士——**
>
> 从客户的稳定性来看，如果一个客户使用同一个银行的多项功能性产品，例如，贷款、代发、缴费、理财、出国金融、电子银行等，通常产品覆盖越多，客户的稳定性就越高。前台"一体化"既能提高营销效率，也能提高同一客户的产品覆盖率，增强客户的黏性，提升客户的综合贡献。

金句 71 中台"一体化"强化支撑保障

中台工作主要是为前端的高效营销做好支撑服务，为后端有序运转搭建平台。中台如果能在机制保障、系统建设、政策配套、一体考核等方面做好统筹和优化，充分发挥作用，可以有效提升营销、审核、服务等多项业务流程的整体运营效率，增强客户的综合化服务能力。

1. 建立流程控制的一体化

客户既申请了个人住房按揭贷款，也申请了装修分期贷款，在审批按揭贷款时同步审批装修分期贷款，没有必要再分开审核。为理财客户在手机银行和微信银行开通一键查询各类贷款账单、一键查询信用卡权益、一键查询各类产品收益等功能。信用卡的申请资料传递、征信审核、授信审批、质检、归档、催收等在一套系统内完成，方便贷前、贷中和贷后管理。信用卡申请资料在纸质传递、电子资料保管、档案管理等方面可以与网点的其他业务凭证进行有机整合。

2. 做好政策配套的一体化

以下可以予以准入：

（1）"省内户籍，在省内知名大型百货、国内头部电商平台近一年消费达到一定次数，累计达到一定金额"的行内储蓄卡客户，既切合稳定性要求也符合收入条件。

（2）正在偿还其他银行的个人住房按揭贷款，正常还款达到一定期限，且还款金额达到一定标准的客户。

（3）对于职业不稳定、收入不稳定的申请人，但其直系亲属已持有本行卡，且用卡情况良好（例如，用卡满1年，消费金额达到1万元，正常还款），同时，为了缓释风险，建议追加直系亲属签字，承担共同还款责任。

对行内优质的资产客户，在其偿债能力范围内，结合其用途，推荐分期、消费贷款、个体工商户经营贷款等产品。通过一些政策的配套使用，不断扩大行内外目标客户来源，降低客户营销的成本。

3. 加强综合服务的一体化

加强零售业务与对公业务的融合，利用整体资源优势和多产品功能，不断创新服务手段，建立公、私客户经理联合上门营销制度，通过对公业务带动个人业务、个人业务促进对公业务，共同提升客户服务质量。考核对公单位的个人"钩子"产品覆盖情况，例如，利率有较强市场竞争力的理财产品购买量、优惠活动较多的场景 App 下载量、企业微信添加量等，为后续信用卡产品的跟进打下基础。

进一步完善客户服务考核体制，将信用卡客户服务质量纳入全行客户服务的营运考核体系，统一进行监督管理和考评，建立健全一体化标准服务模式。不断完善现有电话、手机银行 App、微信等渠道的客服功能，统一建立每名客户持有和使用行内产品情况的电子服务档案，打出个性化"电子标签"，为客户主动提供个性化、差异化的服务。

小贴士——

中台工作像一个节拍器，可以通过中台工作合理调控前台的节奏。中台运行效率高，支撑和保障到位，能让不同板块实现互联互通，前台的营销成果就能得到更快更好的释放，后台也会更加高效。"中台强，前台就强；中台活，后台就活"，是有一定道理的。

金句 72　后台"一体化"提升管理水平

当今的营商环境对各个行业的服务效率提出了更高要求，银行需要有效打通前台到后台的流转堵点，进一步释放生产动能，融合贯通、集约经营已是必然趋势。以构建数字化、标准化、智能化、集约化等多位一体管控体系为核心，后台"一体化"为全流程高效运转提供多方位支持。

1. 效益管理的一体化

不少银行把银行卡商户收单业务放在了信用卡业务部。目前，市场上刷卡交易手续费的价格战进入"白热化"阶段，收单业务能带动账户、存款、贷款、场景建设等多项业务的增长。对于优质商户，从综合贡献度看，通过行内合规补贴手续费的方式，在手续费上少赚钱和不赚钱是可以接受的，也可以通过提高存款利率、降低贷款利率等方式补贴。如果某客户是行内对公条线的重要客户或者行内的高净值个人客户，综合贡献度较大，在他申请分期贷款给予其一定优惠，减免高端信用卡年费等。

2. 风险管理的一体化

（1）建立一体化的"风险识别"，在统一风险管理框架下，搭建行内外"黑名单、失信被执行人、核销、盗刷、套现"等数据体系，建立"名单＋规则＋模型"的反欺诈工具箱，筑牢第一道贷前申请准入防火墙。如果某客户信用卡申请没有获得批准，该客户再申请行内的其他贷款类产品、办理结算等系统就会同步提醒要多加留意，谨慎准入。反之亦然。

（2）对持有信用卡、办理分期的企业主（含法人、实际控制人、股东等），企业经营异常（注销或者停业）时进行预警提示，立即开展回访和催收工作。部分银行整合了信用卡申请评分卡、小微企业行为评分卡、消费贷款申请评分卡等，引入征信、房贷、纳税、结算、交易等额度综合测算模型，对欠款客户统一智能催收（到期提醒、协商还款、自动多点触达等），减少重复性和同质化开发，搭建高效运维的大零售风控管理体系，降低了风险评估成本，解决了信息不对称问题，提高了经营管理效率。

（3）对公条线发放贷款至某单位前，如果本单位出现大面积的员工个人贷款逾期，可事先了解是否因经营不善无法及时发放员工工资。

3. 考核管理的一体化

（1）信用卡和零售交叉营销考核。信用卡客群的 AUM 值增长、分期商户的收单交易量、商户资金沉淀率、第三方支付绑卡率、信用卡客户的行内产品覆盖率。长期使用个人储蓄卡消费，且频率较高、金额较大的客户名单给相关人员，考核信用卡覆盖情况。

（2）信用卡和对公交叉营销考核。单位高级管理者及重要岗位人员的信用卡产品覆盖率。考核信用卡优质客户所管理的单位账户开立、资金增长、投行、信贷等业务的开办情况，该类考核可以具体到某些岗位，对产品交叉营销覆盖率高的员工给予奖励倾斜。

（3）资源调配。根据信用卡活跃客户新增情况、分期交易额等，分配个人客户、对公客户高收益理财产品的销售额度。高收益理财产品销售难度低，便于维护客户，而且由于成本较高，数量非常有限，所以要作为资源科学合理调配。

（4）权限配置。在个人住房按揭贷款受理环节未完成三样产品（含信用卡）的配套申请，受理人员无法提交到下一环节。网点产品经理给客户派发的优惠券，只能用信用卡支付时抵用。

小贴士——

"潮头登高再击江，无边胜景在前头。"银行要始终从改善客户、员工体验，提升全流程效率的角度不断思考创新，整合各类资源，丰富渠道平台功能，深挖数据和模型价值，在合规前提下不断优化财务、考核等政策，做优做强后台，为营销和风控提供有力支持，增强市场竞争力和盈利能力。

金句 73　发挥信用卡对其他业务的"一体化"支持

从信贷的角度看，信用卡是一项个人信贷产品。信用卡具有循环消费、免息功能，分期具有大额信贷功能，且客户信息真实完整，信用卡交易数据是非常重要的资产。挖掘数据资产，活用信贷功能，整合场景权益，如果运用得好，将会构建起一套企业级的综合服务方案，形成业务互补，带动其他业务的发展。

（1）"客户欠费乃至长期拖欠，且资金回流较慢"一直是困扰多个行业的"老大难"问题。通过信用卡对到期付费项目进行"自动扣划"，也可以像酒店刷预授权一样冻结一部分资金作为押金，有效解决像电信、电力、供水、出租等"先使用再付款"行业的资金回收问题。当然，对银行而言，信用良好的优质客户才是垫资和扣划的选择对象。

通过与企业发行联名信用卡，有效解决企业的客户信息采集真实性问题。银行在制度允许的范围内向企业提供会员信息管理和行为特征分析。另外，通过提供具有财务分析功能的收单设备，解决企业财务管理、库存管理、存货调配、客户消费分析等方面的问题。政府、企业与银行通过发放消费券的形式联合开展促销活动，指定"信用卡"支付才能用券，拉动消费额的增长。扩大信用卡客户数字人民币个人钱包和养老金账户的开立规模，服务新时代金融基础建设。

（2）近一年来，某个客户平均每月信用卡消费金额超过5万元，还款正常，但行内资产很少，说明该客户使用他行的资金偿还本行信用卡。该客户可能是他行的个人高净值客户，通过大数据筛选类似客群，为个人养老金业务提供潜力目标客户。办理装修分期对应的房屋，可以为办理住房抵押贷款、二手房按揭贷款提供真实性和授信参考。

（3）要科学设置信用卡的到期还款日，特别是通过储蓄卡进行约定账户扣划，最好将到期还款日或约定账户自动扣款日设置在月初或者月中，不要设置在月末，容易影响月度存款考核，或者客户无法按时偿还，影响月度资产质量考核。数据分析表明，从整体看，持有信用卡的代发工资客户，代发资金留存率比未持卡客户高。

（4）营销和维护重要的对公业务单位客户时，尽可能深入了解单位高级管理人员及重要经办人员的信息，由系统对其进行分析和测评，综合推荐适合他们的产品。通过零售产品的适配，进一步解决客户需求，丰富对公客户的维护手段。

小贴士——

信用卡获客为银行新客户增长做出了重要贡献。信用卡是一项信贷产品，同时是一座数据金矿，部分银行以信用卡作为引流基础，联动其他业务，在为企业和个人客户提供差异化服务的同时，丰富客户行为画像，有力促进基础零售、消费金融、财富管理、对公信贷等业务板块之间的融合发展。

信用卡管理之数字转型篇

信用卡是拉动银行中间业务收入增长的"拳头"产品,而分期带来的利息收入为银行主营业务收入的增长做出了重要贡献。随着多家银行"大零售"战略的深入推进,同质竞争严重,加上互联网金融的冲击,如何利用数字技术改善客户体验,提升渠道利用效率,拓展市场和收入来源,成为银行亟待解决的问题。

金句 74 平台加持,流量赋能

数字经济时代,流量为王。不少银行主动变革,由被动满足需求服务的"坐商"向主动提供价值服务的"行商"转变,强调银行要全面融入流量经济,站在市场和客户的角度思考金融流量,做好产品和服务,真正走到客户的生活中,走到企业的交易过程中。下面案例,对经营管理有着很好的借鉴。

与部分银行由零售部门主导的 App 不同,"建行生活"定位为企业级服务平台,分为"精选"频道(高频功能入口、场景化入口、活动入口)、"生活"频道(聚合本地优惠,支持在线支付)、"金融"频道(多款消费金融产品全流程办理)、"我的"频道(展示用户权益、订单、资产情况),带动整合商户、用户、权益、支付等,搭建了一套相对完整的互联网金融运营体系。

"建行生活"用非金融方式做金融,不抽佣金,激活引流大量存量用户。"建行生活"像一把钥匙,打开了各地建行与更多 G 端合作的平台。北京分行成为北京市政交通一卡通公司开业 20 年以来合作的首家非独家金融机构，在"建行生活"内嵌一卡通服务，首推"低碳畅行联名卡"。"建行生活"智慧食堂功能广泛用于政府、高校、医院等上万个单位的食堂，实现全线上、数字化就餐管理，线上充值、线上退款、扫码和刷脸消费、便捷订餐、查询菜单、智能对账等，便于食堂强化财务收支管理，减少人工操作，精准备餐，避免浪费。"建行生活榕江行·建行陪您进村看球"走进榕江村超赛场，向广大球迷提供吃、住、游等指南和优惠，以数字化平台赋能乡村文体旅，助力乡村振兴。各地建行承接了 200 多个城市的政府消费券发放，举办消费节、美食节、文旅节等，带动消费金额超百亿。

上市两年多来，"建行生活"注册用户数突破 1.3 亿，建行生活卡（数字信用卡）发卡量突破 600 万张，成为建行最大的信用卡发卡品种，其中，大量客群属于物理网点难以精准捕捉的年轻客群。零资产客户激活数超过 700 万，打开了与数百万商户的合作空间。"建行生活"与"建行手机银行"之间互联互通，相互跳转，牵引千万客户回流手机银行购买理财产品、基金、存款等，牢固了建行大零售数字化经营的底座。

图 2　建行生活 App 页面

在网点到店量下滑，房租、装修、设备、人力等成本不断攀升的今天，部分银行正逐年压缩网点规模。App和手机银行线上服务量的增长，承担了客户触达和服务经营的任务，这些工作一般由总行和省分行开展直营，也切实为基层网点减负。

小贴士——

> 目前，多数银行流量变现的方式还不够成熟，仍然有巨大的发展空间。榕江县县长徐勃在解锁榕江村超火爆出圈的原因时，重点解读了"流量"密码：首先是"神秘多彩的民族文化＋全民足球氛围＋新媒体运营"；其次是"各地美食＋民间足球友谊赛＋村超风口流量共享"；最后是"足球为媒＋文化搭台＋经济唱戏"推动各方面效益增长，乡村IP带动农文旅商全面发展。银行数字化经营转型的一个重要抓手就是流量经营，流量具有巨大的商业价值和经济意义。

金句75　由"快办"向"好用"转型

2017年以来，多家银行在信用卡、分期"秒批和秒贷"的系统建设上取得了重要突破，申请后秒批虚拟卡绑卡可用，Pad进件分期秒贷秒放立即提车，给客户和合作商户带来了很好的体验。"秒批和秒贷"成为常态后，现今客户的需求逐步变化，"好用"成为客户关注的焦点，这背后除用卡便利外，还有用卡优惠。

部分银行将绑定第三方支付动作前移，在申请过程中，请客户勾选微信、支付宝、云闪付、美团、抖音等，卡片审核通过后，经客户授权，后台会统一批量为客户自动绑定，这样既避免后续再次营销"申请时没有得到秒批秒办的客户"进行绑卡，也方便客户在App支付时直接选择卡片。

部分企微工作推进较快的银行，直营经理人均服务约 1 万企微客户，开展一对一互动式服务。招商银行根据客户经常所在地位置（一般是账单地址或者单位地址）建立企微群，精准推送周边优惠，促进客户高频用卡的同时，也方便客户快速找到优惠商户。

通过往客户微信卡包里面派发"微信立减券"，或者向客户推送特定使用范围的立减券，让客户选择信用卡支用时，感受到"实惠"。通过微信绑卡消费给予随机立减优惠，给客户带来"小惊喜"。通过微信绑卡消费达到一定笔数或者一定金额给予返现，让客户感觉"用有所值"。

小贴士——

围绕"以客户为中心"的经营理念，以"好用"为目标持续优化业务流程，以"好用"为方向利用数字化驱动业务发展。"好用"不仅是一个"点状"优惠，更是一个从办到用，到主账户钱包无缝连接的"面状"生态，贯穿"吃、住、行、游、购、娱"等个性化生活方式场景。

金句 76   分期由产品推进向由渠道推进转型

多数银行按照分期产品分别进行业务推进，例如，分别指定专人负责购车分期、装修分期和一般分期（包括现金分期、账单分期）等业务。随着网购的蓬勃发展，电子渠道对多数银行分期交易额的贡献超过30%。银行要整合资源、发挥资金流优势，持续完善分期业务的渠道建设，实现由产品推进向渠道推进转型。

1. 强化电子渠道推进

充分利用"电子渠道"便捷、高效的特点，持续深化"电子渠道第一"的分期营销策略，主推通过电子渠道如手机银行、微信、App、Pad、移动柜台等申请各种分期产品。同时，强化对网点渠道、外包渠道、商户渠道、外呼渠道、客服渠道、直营渠道、自有电子渠道、电商平台渠道的分类管控。以前是按照产品进行通报，网点被多产品"压头"后，每项产品都去抓，结果可能都没有抓好，也忽略了电子渠道的重要性。按照渠道分类推进后，网点会结合自己的客户资源和市场状况，重点推荐比较适合客户的分期产品。外包渠道向客户提供上门办理服务，并在经销商、装修公司、交房楼盘、家居建材商场等现场驻点办理分期。外呼渠道、客服渠道、直营渠道重点推荐 App、手机银行、官方微信、电话银行等线上随时随地申请分期的方式。

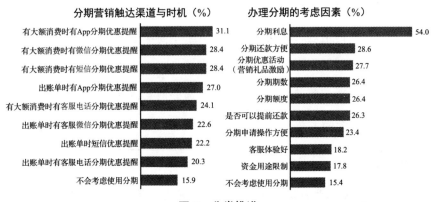

图3　分类推进

资料来源：2022 年中国信用卡市场分析报告。

业务部门要着重加强与几大头部电商平台的深度合作，在支付环节重点提示选择"××银行信用卡"分期支付享优惠（支付金额立减、分期利息立减等，例如，总价立减 200 元，分 3 期支付，含利息每期还款 ×× 元）。在大额支付后及时跟进微信和短信的分期办理提醒。出账单时通过电话、微信、短信、App 等进行分期营销。

2. 将"地理围栏"技术应用在营销中

当目标客户进入网点，在客户刷卡取号、使用自助柜台、链接 WIFI 时，系统自行通过短信和微信推送分期产品。当客户进入汽车 4S 店、装修公司、家居建材商场时，同样可采取上述方式。联合电信营运商，在网点周围半径 50 米内，通过手机号码定位推送的方式，向目标客户发送营销信息，吸引路过的客户进入网点了解产品。这种方式也能复制到其他产品的销售中。不断加强行外渠道的合作，使行外渠道成为分期交易的重要增长极。

3. 发挥企微直营"直打"作用

对于分期贷款未支用的客户，通过企微派发优惠券，推荐参加优惠活动，提升客户消费的动力。通过企微标签查询"贷款潜力"客户，推送差异化定价的消贷、分期等产品。对于"高净值潜力"客户，开展行外吸金，提供理财配置等。部分银行直营经理人均实现的资金增长、产品销售、贷款新增等甚至超过了下辖的部分网点，直营渠道已成为银行转型发展的重要增长极。

小贴士——

渠道是把产品推送到客户手上的通道，虽然网点渠道、外呼渠道、商户渠道、外包渠道是目前分期业务增长的主要渠道，但电子渠道是当前效率最高的渠道，要采取"线上线下全渠道协同发展"的推进策略，深化系统开发和渠道建设，持续推进分期业务数字化转型。

金句 77　由丰富产品向完善功能转型

经过多年的产品创新，多数发卡银行的信用卡产品超过 50 款，有的银行甚至上千款，各类分期产品创新层出不穷。有的发卡银行结合市场需求，整合了卡面不同、但权益雷同的信用卡产品，特别是大幅减少了部分发卡量较低的联名卡。近年来，银行集中更多的资源加强场景建设，完善产品功能用途，形成自己的差异化竞争优势。

多数银行的分期产品以账单分期、现金分期、装修分期、购车分期和消费分期（放款至专用借记卡，不支持取现和转账）为主。部分银行对于功能用途指向明显的专项分期，像购车、装修，创新采取了不受商户限制的分期方式，例如，提前申请购车分期，审核通过后凭国内的全款购车发票即可办理分期；贷款客户完成首付（新能源车可0首付）、银行指定第三方公司垫付尾款（即分期贷款金额）；放款至装修分期专用借记卡，客户在非限制性行业消费。

在银行App进行身份认证后，可以使用App的智慧食堂功能在本单位就餐。银行针对本单位职工开展信用卡支付专属优惠活动，例如，年货节、女神购物节、食堂1元早餐、大型分期团购活动等，快速促进办卡和用卡。

部分银行整合了产品，按照青春、高端、商旅、动漫、标准、爱车、特色主题等进行分类，重点推荐10款左右的产品。将信用卡申请和分期申请同步进行，非常注重新客户分期习惯的培养，在客户成功申办信用卡后，Pad会自动跳出六款左右的爆款分期商品，价格在5000元以内，商品相对几家头部电商更便宜，可享0利息0费率12期分期优惠，客户选择商品办理分期后，不仅解决了新户活跃问题，改变客户对分期的认知，也为银行后续再次推荐分期业务起到了很好的带动作用。

小贴士——

各家银行为追求零售业务的第二增长曲线，首选信用卡开展先行先试转型。2021 年起，信用卡利率进入市场化时代，当今不少银行的多款分期产品年化利率降至 4% 以下。通过加强场景建设，完善产品功能用途，促进客户高频用卡，提升生息资产占比，实现多元化收入结构增长。

金句 78　由自动处理向智能处理转型

以数字化、智能化、开放化和无形化为特征，金融科技与银行服务正在深度融合，不少银行全力打造数字化银行，实现"敏捷反应、全面触达、良好体验"的转型目标，这进一步加速了信用卡业务的数字化转型进程。自动处理通常按照设定的程序来控制流程，但智能处理更强调人工智能的运用，类似于人类智慧的能力。

近年来，以自动拨号为主的电话营销，每天人均与客户交互量约 110 通，为分期（包含账单分期、现金分期、消费分期等）业绩增长做出了重要贡献，效率相对较高。如果启动 AI 智能外呼，10 分钟内可完成 10 万名客户的批量外呼。对于意向客户和无法解答提问的客户，再跟进人工服务。

对于系统提示的"高风险"客户，由逾期催收转向到期前催收，在到期还款日前 AI 进行智能还款提醒，大幅减轻人工催收量，将资产质量的贷后管理前移。

AI 数字人技术已广泛用于客户对话、财富管理、经营赋能、宣传营销等领域，它具有会话交互能力以及人工服务的情感温度，具备查询账单、申请信用卡、还款、缴费等上百项功能。通过 AI 智能对话收录提问，更精准匹配用户喜好，从中探索边际成本低、流程节点少、适用性强等泛化且智能的决策，破解运营成本高、业务同质化、服务标准化等难题。

小贴士——

　　人工智能加快了银行适应 4.0 时代数字化转型的需求，通过行为能力分析、复杂事件识别、分布式开放技术、精细化核算等智能处理，改善了客户体验、提升了客户活跃度、强化了风险自动化管理，实现了运营增效。

信用卡管理之商户策略篇

商户收单业务的本质是支付结算，线上线下承接各类消费资金，既能为银行带来手续费收入、账户、存款、贷款、客户等，还能通过各类支付场景将 G 端、B 端、C 端串联在一起。金融界有个热词，叫"商户 +"，它指的是通过功能性平台为商户发展提供解决方案，并通过数字化、智能化、场景化等新技术运用为银行业务发展赋能。

金句 79　得商户者得天下

商户聚合客户流、信息流、资金流，甚至系列财务管理、库存管理等。优质商户背后的账户、代发、上下游供应链、结算等业务，甚至科技平台，为银行持续拓展和维护客户找到有效途径。发展收单业务"一个点"，收获商户背后"一条线"，推动业务增长"一大片"，因此，"得商户者得天下"。

1. 商户业务是多类业务的有效抓手

大家盘算一下，国庆长假期间，你所在银行的个人存款减少了多少？有可能让前 9 个月新增的个人存款减少约 30%，这些钱去哪里了？少部分被客户用于购买理财产品、投资、偿还欠款等，大部分被客户消费到线上、线下的商户。商户的沉淀资金多数还是存在银行，哪家银行开展的商户收单业务（以 POS、码牌、网络收单为代表）越多，对应的收单量越大，哪家银行就"坐收"了存款。有客户消费，就有存款，当商户体量足够大时，就能带来源源不断的存款增长，这比平时四处营销存款甚至违规吸收高成本的资金要好得多。

除带来交易产生的手续费回佣收入，还能带动存款、账户、理财、代发、电子银行、普惠贷款等业务增长。通过商户资金流水、资金沉淀、纳税等模型综合测算，对其进行贷款授信，拉动资产业务的增长。对在优质商户消费的客群进行数据挖掘，实现精准授信、精准推送和差异化服务。

2. 商户业务是提高客户和商户满意度的重要利基

银行通过发展商户业务丰富 App、企微、官方微信、手机银行等渠道的场景化服务功能，例如，银行携手商户打造"消费场景"，在自有App、企微群中开展与指定商户合作的满减、折扣、低价购物、积分兑换等活动，为持卡人打造一个良好的用卡环境。在促进用卡消费的同时，进一步提升存量客户的用卡意愿和新客户的办卡诱因，也拉动了商户营业额的增长，这也是维护银行与商户关系的有效手段。

小贴士——

网点是银行服务商户的前沿窗口，商户是银行服务客户的延伸网点。面对如火如荼的"商户＋"时代，银行要充分结合商户需求，挖掘客户消费潜力，帮助商户增长客流量，共同做好客户服务。商户业务是产业数字化转型的新蓝海，是金融供给侧改革、服务实体经济的重要方向。

金句 80　提供个性化、多功能服务

价改后，银行商户收单的平均费率下调至 0.3% 左右。美团、饿了么、抖音、百度等第三方支付机构充分发挥其社交、电商、移动支付、导航等优势，全力做大线上收单，线上收单的费率（含直播带货、团购、外卖等销售提成）远高于银行费率，同时为商户和用户提供信用贷款、投资理财、保险服务等，一定程度上替代了商业银行的部分业务。

银行的收单设备除了提供聚合支付服务外，还要满足不同类型的商户需求。

1. 集团大型商户——提升综合化服务的质效

提供"商户会员管理、促销活动管理、库存信息管理、供应链管理、数据分析挖掘"等多种服务，为优质商户量身定制适合商户的客户、商户的供应商、商户本身的融资方案。例如，银行通过集团商户的应付账单质押为下游供应商授信，畅通商户上下游的资金流动，满足各环节需求，并做好资金归集、集中对账等衔接，构建"数字化平台＋产业＋金融"的新型服务模式，将收单和结算融入到各个功能板块。

2. 零售类优质商户——做好数字化经营赋能

通过大数据充分挖掘消费者的潜在需求。例如，向商户附近的客户（通过单位地址、住宅地址等判别）定点投放优惠券，开展促销活动，通过自有渠道有针对性地帮助商户获客引流，做好宣传和客户维护。打通商户管理、收单、数字人民币等交易系统与商户合作方服务系统的互联，结合商户结算、纳税等信息，做好信贷和投资理财等产品的营销服务，促进资金价值转化。

利用商户自有资源。例如，店面、微信、App、抖音等，结合促销活动、积分兑换和定制权益，开展"弹屏链接、扫码办卡、定向推送"等场景化获客营销，引导客户使用银行平台的支付服务，实现商户向银行引流。

3. 公共事业类商户——抢抓线上线下引流

通过协助当地政府解决痛点和堵点，积极参与教育、医疗、政务、能源等部门的系统化服务，构建新型银政合作伙伴关系，例如，信贷支持、招投标管理、社会化平台搭建等，做好资本性投入保障，综合解决客户信息化建设、资金监管、数据维护、对账、政府治理等需求。融合各项数据要素，补充信用评价模型数据源，为网点、App 等嫁接"客户流量"，延伸线上、线下服务半径，创造新发展机遇。

4. 中小商户——拓规模，提质量，促留存

中小商户汇聚的重点场所包括专业市场、网红街区、大中型社区等。用好普惠贷款、收单协定存款等产品和差别化费率政策，扩展网点周边 5 千米内的商户规模，做好商户产品经理、直营经理管户链接服务，以此弥补商户关心的"手续费"价格问题，坚持量价平衡，着力做好回款资金留存。

小贴士——

　　商户的客户和银行的客户很多是相互交差的，银行要树立"为商户服务、为商户的客户服务，共同经营和维护双方客户"的理念。商户如果在其客户关系管理、资金有效周转、消费交易增长、平台功能应用上离不开银行的协助和带动，则商户就不会再纠结于手续费问题了，合作面会更广。

金句 81　用完善的组织职能统筹推进

部分银行商户业务存在"个别部门集中管，资源部门分散管，一线网点低效管"的不利局面，导致"中小商户占比较大，整体质量不高；商户维护缺乏有效手段，优质商户流失严重"。所以，银行商户业务的发展，必须要跳出单一收单产品的视角，从金融综合服务的本源去经营管理。

1. 经营体系

不少银行在总行、省分行组建了商户经营中心，统一考核，统筹管理，协调各条线。从商户客户经营视角构建全行商户业务"1+N"的经营体系，商户业务牵头管理部门与客户、产品部门强化联动，整合推进资产、负债业务，打造一支知客户、懂产品、建生态、能战斗的商户经营队伍。在网点组建了"商户＋信用卡＋普惠"工作团队，实现人员复用。实践证明，以商户经营发展为中心，能够有效带动其他业务。

2. 职责划分

（1）行领导：大型商户，例如，全国连锁集团性商户、当地各行业龙头商户、资金密集型企业（包含烟、酒、交通、旅游、矿、药等）、公共事业类，由所在地行领导牵头组织专业化服务团队维护，包括搭平台、供产品、配资源、赋策略、促发展等，请总行或者主办分行做好全国性、跨区域重点商户营销。

（2）商户经营中心：负责牵头线上、线下商户全生命周期的经营管理和统一组织推动。统筹管理全行收单设备及商户账务调整等，合理安排成本支出，提升经营质效。牵头与商户开展促销活动，推进商户"生态圈（吃、住、行、游、购、娱等应用场景）"建设，协助商户对其会员进行管理和服务，嫁接商户资源推动对公业务、零售业务的场景化获客。

（3）计财部门：进行综合收益测算，综合制定价格优惠标准（包括价格减免和补贴、资本性投入等），归口管理收入和支出。围绕"资金承接、产品覆盖、客群经营、综合效益"等指标，牵头制定《全行商户营销和维护的综合考核方案》，涵盖指标考核、费用管理、综合贡献测算等。

（4）零售信贷部门：牵头组织对按揭楼盘、拥有实体企业的个人贷款客户、分期合作商户等进行营销。

（5）对公信贷部门：牵头组建由零售部门、网点共同参与的营销团队，对行内贷款企业、机构客户、大型国企等，以及资金流量大的目标商户开展营销，并通过相关信贷产品开展对优质商户的授信业务。

（6）风险管理部：做好差别化信贷政策制定，经济资本计量，提供风险技术工具支持。开展商户交易风险监测以及商户风险核查，及时发现风险问题、排除风险隐患。

（7）渠道管理部：对商户服务质量的进行监督和考评，例如，商户业务申请在系统中的流转时间、商户设备投放进度、商户问题解决进度、促销活动投诉等。规划和设立营业网点，自助银行或者移动金融服务点等。

（8）其他部门：产品管理部门做好线下、线上收单产品创新与供给。营运、客服等部门做好支持保障工作。科技部门做好系统和平台搭建、改造、升级。

（9）基层网点：对辖内使用个人卡承接对公经营性资金的客户、高 AUM 值对公客户和个人客户，以及周边步行街、城市综合体等开展营销，并视商户规模主动协调上级行联合服务。对商户负责人及员工做好产品配置、理财服务，落实好日常走访等工作。

3. 考核综合贡献，破解评价难题

对商户的考核，从单纯追求收单收入转变为收单交易额、日均存款、贷款、理财产品销售、代发工资、带动新客增长、促进存量客户活跃等综合贡献指标，使商户业务成为一体化经营考核的"桥头堡"业务。

4. 采取有效措施，激励商户拓展

（1）凡是餐饮发票报销，单笔金额超过 1000 元的票据，必须出示本行商户的支付记录，采取不同方式维护本行商户。

（2）将商户拓展纳入"对公账户产品覆盖率"进行考核，要求网

点在开立结算账户时，同步营销商户收单业务。

（3）发放企业贷款时，将商户收单作为配套服务，同时要做好企业下游和资金承接方的关联营销。

（4）将商户拓展、商户客群 AUM 增长纳入各级经营机构的年度计划和相关管理者的年终考核。

（5）按照存款类型进行职责划分，对公条线牵头拓展对公商户并负责结算到"单位账户"的资金维护，对公条线牵头拓展个人商户并负责结算到"个人账户"的资金维护。这样，管理职责会更加明晰。

小贴士——

"构建消费场景价值转化生态圈"是发展商户业务的核心目标，跳出商户"抓"商户，将商户收单业务视同为"商户客群"进行经营。商户业务关系是银行优化经营结构的重要方向。商户业务的发展不是哪个部门、哪个网点的事情，而是需要举全行之力，协同联动，体系化推进。

信用卡管理之客户服务篇

10 年前，每增加 1 万名信用卡客户，就需要增加 1 名专职信用卡客服人员，部分银行的信用卡客服中心多则上千人。当前，用户的生活方式和消费习惯发生变化，以微信为媒介的"互动式"交互客服新模式成为广受欢迎的新生态。"为客户正常用卡扫除障碍"只是基础工作，信用卡客户服务是一个贯穿"持续改善客户体验"的过程。

金句 82　加强体系建设，提升服务效率

银行有明确的服务架构体系，纵向从总行客户服务中心贯通至网点，横向连通各部门、各条线。做好客户服务工作，需要自上而下持续夯实基础服务能力，健全考评机制，积极联动各条线有序推进各项重点工作，为一线提供专业指导和政策支持，形成敏捷有序的高效流转体系，提升管理质效。

1. 科学合理设计指标

《信用卡客户服务质量考核》指标设计，包括每万名客户问题单量、及时回复率、问题解决满意度等。把监管部门转办投诉设为扣分项，把监管部门转办投诉剔除设为加分项。高度重视投诉内容与媒体（含自媒体）的关联程度，尤其是收费争议、服务态度、账务调整、促销活动异议等。为有效降低人工处理率，把微信银行绑定率、官方微信公众号涨粉量、电子邮件填写率、App 转接在线人工客服、企微添加率和回复率设为客服数字化转型指标。

2. 强化各岗位工作职责

一级分行信用卡业务部、二级分支机构相关部门都应配置信用卡客服专岗，专职从事信用卡客户服务工作，主要从事调账（含协商还款、额度调整、费息调整等）处理、重大投诉协调解决、分支机构服务质量考核等）。强化"总、分、网点"多级信息传导和专业指导，及时满足和响应客户诉求，推动产品、流程和服务优化。

各级机构要压紧压实投诉管理主体责任，抓好每一天、每一单矛盾纠纷化解，懂得换位思考，强化客户问题纠纷多元化解，加强源头首问负责制管理和源头治理，化解在初始、化解在系统内，通过多方联动持续提升投诉问题处理能力，防范舆情风险，全力构建"大消保"工作格局。

3. 持续做好基础管理

（1）指导前端提升进件质量，尤其是关键要素填写和辅助材料核实，提升系统自动审核率和通过率；

（2）合理调剂人力资源，避免出现过多的待审核件，影响客户领卡和用卡的时效；

（3）做好促销活动方案的审核和解释工作；

（4）及时更新对外信息，规范微信、图文等宣传内容；

（5）定期出具指导所在机构提升服务质量的分析报告，加强差错争议业务管理，主动对分支机构进行针对性指导，增强基层员工专业技能和服务水平；

（6）加强员工之声收集和整理，形成问题处理和回复机制，将员工好的做法运用到其他客户问题处理中。

小贴士——

随着信用卡服务边界的延伸，客户的服务诉求越发广泛，要加强全行队伍的动态管理，聚焦客户体验，完善投诉事前监测预防、事中跟踪处理、事后统计分析和优化改进的管理机制，充分调动员工的主观能动性。信用卡的客户服务工作，已从解决事务性工作，向"专业化""数字化"做好客户服务全流程支持转型。

金句 83　主动满足多元化的服务需求

当今，客户服务工作不仅要解决客户主动咨询的问题，更要主动发现客户需求，精准服务，拓展服务边界，构建数字化服务体系。信用卡的价值创造反映在客户与信用卡接触的每个点上，要细化各层级工作职责，链接金融和生活场景，它是黏客的关键，有助于持续提升获客、活客和留客能力。

1. 主动做好服务，当好"事前诸葛"

信用卡客户服务工作应具有"前瞻性"，主动为客户创造服务，关键在于构建数字化的协同发展生态。丰富行内外数据库，根据每名客户的交易、社交、行为等，建立个性化档案，在数据中洞察客户需求。例如，通过数据分析发现，某客户有小长假出行的习惯，可以与信用卡的出行优惠结合起来，提前给客户推送一些出行信息。进一步跟踪发现，客户今日交易地点在北京，主动给客户推送一些当地用卡优惠信息查询渠道，并提供免费或者优惠的机场或高铁接送服务。瑞幸、茅台联名的酱香拿铁爆红后，多家银行的信用卡借势营销，通过积分换购、低价购买、消费抵用券等方式为广大持卡人赠送了一杯"美酒＋咖啡"。

2. 客服兼顾营销，当好"多面秀才"

客户在使用信用卡的过程中，可能出现资料修改、额度调整、异议交易、账务查询、积分兑换、开卡、挂失、销户、投诉、建议等系列问题，通过电话、微信等向客服人员咨询。客服人员在认真解答客户需求后，做好"一句话"营销推荐，主推产品是账单分期、查询各种优惠的 App 等。

以 AI 为代表的客服机器人，针对不同客户的画像采取名单策略、对话策略、人机协同策略主动外呼，层层递进、分类应答，成熟应用开卡促活、支付有礼、绑卡惊喜、权益领取、分期办理等模板，已成为信用卡重要的智能运营渠道。

3. 保持服务热情，当好"岗位标兵"

虽然 AI 客服一定程度上替代了部分人工，AI 数字人在客服领域的运用迈出了有力步伐，但人与人之间面对面有温度的服务，是机器无法取代的。金融作为服务行业，当客户向我们提出异议时，要表现出足够的耐心和诚意，能够充分理解客户的难处，有效寻找解决问题的方案，获得客户的理解和信任。为客户办理任何一笔业务时，应倍加仔细，减少差错。注重客户信息安全保护和数据安全管理，加强外包、合作单位的消保监督。常态化抓好消保宣传教育，持续做好反赌反诈等消费风险提示，提醒客户留意用卡过程中的风险问题。例如，防止盗刷的方法，每日支付额度管理，免息期的计算等，做好消费者权益保护，保障客户便利用卡、安全用卡。

长尾客户是基础客户，服务好大众客户是新时代金融的重要属性，是银行广泛融入到交通、教育、医疗、养老、住房等各种生活场景的必由路径。信用卡客户普罗万象，服务好信用卡客户也是服务好大众客户，这是赢得市场口碑的重要方式。在客户服务的过程中，有时候客户虽然看不见你，但通过你的声音就可以感受到你的态度，温文尔雅的声音就是彬彬有礼的体现，让客户心情平和下来有助于更好地解决问题。"保持热心和耐心"是衡量热情服务的重要标准之一。

对于申请信用卡、分期付款、调额等没有成功的客户，要主动通过电话、短信等方式"委婉且抱歉"地告知其原因，留下咨询电话以供解答。对于完成申请的客户，要留下查询进度的方式，以供营销人员和客户随时了解审核进程。哪怕对于已经销户的客户，也不能完全置之不理，主动关心客户和精准触达服务，也许能够赢回曾经丢失的客户。

4. 丰富服务内涵，铸造"服务品牌"

发卡银行为高端信用卡打造航空、商旅、健康、代驾等优质权益，让客户感受到持有卡片是成功者的名片或者人生价值的体现。成立于1850年的美国运通以卓越的服务享誉全球，它们始终致力于为高端客户提供全球的定制化服务和尊贵的贵宾体验，这也是世界多家银行选择和美国运通合作发行高端信用卡的重要原因。

> **小贴士——**
>
> "主动做好服务，想客户之所想，预见客户可能遇到的问题，满足多元化服务需求"，这是信用卡客户服务工作转型的重要方向。信用卡客户服务转型是一个必要而紧迫的过程，要加快实现产品、流程、平台等数字化改造，提供更加便捷、安全、智能和个性化服务。

金句 84　持续发挥"客户之声"的重要作用

通过微信、手机银行、电话、网点、App、其他平台等线上、线下多渠道，从服务流程、产品评价、服务质量、客户体验、改进建议等方面持续做好客户意见的收集和整理。重视员工之声，员工也是用户，通过员工能映射出客户的意见，建立科学评价体系并形成整改方案。

不定期对客户喜爱的"增值服务种类""用卡场景""附加功能""满意度""高端客户的服务方向"等各种与业务发展相关的问题进行调查，发挥

"客户之声"的重要作用，让用户的意见成为一个好的"导师"。

（1）某银行通过企微发送问卷调查的方式，采集了某二级分行 3000 名客户"申请和使用信用卡时关心的问题"调查报告（可以多项选择）样本，如表 8 所示。

表 8　调查报告

调查科目	选择人数占比（%）	调查科目	选择人数占比（%）
信用额度	68	固定权益	86
便利还款	25	购车分期	40
用卡安全	82	装修分期	42
免息期限	65	账单分期	48
收费标准	43	促销优惠	88
银行品牌	30	积分兑换	62

调查说明，这个地区的客户对信用卡的态度比较务实，客户办卡和用卡的动因是信用卡权益和优惠，不在意一定要选择哪家银行的信用卡，因此，做好场景化的服务十分关键。

银行结合客户选择，通过企微向客户推送了享受"食、住、行"优惠的 App，得到了 2000 余名客户的下载和注册。

（2）在与某地知名商户开展信用卡促销活动后，银行设计了"符合条件的客户在线申领礼品"的方式，必须参与"促销活动偏好的在线问卷调查"，才能进入申领礼品的环节。如表 9 所示：

表 9　促销活动

促销方向	选择人数占比（%）	优惠内容	选择人数占比（%）
百货类	52	现场支付满额立减	78

续表

促销方向	选择人数占比（%）	优惠内容	选择人数占比（%）
公共交通	88	刷满现场即赠礼品	53
餐饮类	86	多倍积分	41
影院	68	分期付款低手续费	56
超市、便利店	82	按卡等级给予优惠	55
饮品	85	生日当天特别优惠	48
外卖	88	在线支付满额立减	78
生活物品	95	境外消费返现优惠	65
几大头部电商	95	随机优惠	43
居住区附近	92	特别礼遇	68

注：特别礼遇包括赠送体检、机场接送、免费停车等。

调查说明，该区域的持卡人以中年客户和年轻客户为主，银行在该区域今后的促销活动应朝着"实惠优先，普惠大众"的方向改进。在客户居住周边就近开展活动，增加线上、公共交通和外卖的优惠参与度会更高。

银行结合客户选择，优化了该区域客户经营模式。根据客户经常所在地位置（一般是账单地址）建立企微群，精准推送周边优惠，不定期投放外卖立减券、餐饮优惠券、打车折扣券等，经常开展厨房、卫浴、便携、洗涤等生活类物品促销活动，并引流至自有App，形成了独特的社群经营模式。不久后，小区附近的商户主动提出加入到社群中，拿出专属优惠，而且不需要银行补贴。

（3）虽然每个客户都有个性化需求，但很多客户的"个性"基本雷同，形成了"共性"，这些"共性"是信用卡业务改进的方向。有时候，客户和员工不经意间的一个建议会带来一个产品创新和流程优化的灵感，例如，银行贷款装修空置房并提供给租户、银行搭建数字房产平台管理二手房交易、银行搭建生态旅游平台服务景区和游客……银行在平台搭建、产品开发和功能设计时，主动请客服人员和部分用户参与进来，征询意见，有助于充分结合市场和用户需求。

（4）部分银行为提升某些信用卡的发卡规模，采取首刷赢好礼、支付有优惠等方式，但效果不佳，这是因为银行未完全站在客户需求的角度去真正思考申办的诱因。所以，不少银行业务停滞不前时，查找内部经营管理原因，往往是资源配置不到位、人手不足、领导不重视等，核心原因往往是"以客户为中心"没有得到深化，没有结合客户需求去拓展市场。

小贴士

　　"客户之声"是改善客户服务的有力抓手，"客户之声"数据是银行的宝贵资产。通过数据细分客群，叠加结构化数据，升级数据分析模型，作为精准营销的重要依据。未来，"客户之声"数据将在信用卡运营发展中发挥更加重要作用，是银行精准把握客户需求，挖掘客户价值，提升竞争力的重要路径。

金句 85　培育中国特色信用卡文化

"积极培育中国特色金融文化"，要做到"诚实守信、不逾越底线；以义取利、不唯利是图；稳健审慎、不急功近利；守正创新、不脱实向虚；依法合规，不胡作非为"。每项业务发展到一定阶段，仿佛有一只"无形的手"推动它不断向前，使它保持长盛不衰，这就是文化。

通过信用卡的方式解决痛点难点问题，满足社会日益增长的金融需求，在服务客户和实体经济中实现自身价值，在推动高质量发展中获得合理回报。个人浅见，信用卡文化内涵主要包括三个方面。

1. 锻造精神内核，助力美好生活

坚持信用卡工作的政治性和人民性，胸怀"国之大者"，坚定走好中国特色信用卡发展之路。通过产品创新、流程优化、服务提质等与客户建立和保持长久的金融关系，持续构建社会信用体系，推进社会主义经济建设和精神文明建设。

"行其当行，义利自明。"要提高金融服务的可得性、便利性和公平性，以高质量的金融发展增进人民福祉，切实维护金融消费者的合法权益，满足经济社会发展和人民日益增长的金融需求。

2. 夯实向善基础，引领文明方向

做好新时代的金融工作，要坚持向善崇德，改善民生。强化党建引领，强化科技赋能，强化内控管理，强化开拓创新，强化专业建设，塑造具有社会影响力的信用卡品牌，引导客户朝着有利于社会文明进步的方向前行，履行好银行的社会责任。像著名哲学大师冯友兰说的那样：成功需要三个层面，"立言、立功、立德"，其中"立德"最不容易，是一种崇高的境界，需要齐心协力，每天坚持。

在构建社会诚信上，信用卡有着巨大的应用空间，例如，通过卡片代扣代缴家庭的水电、煤气、宽带等。在能源紧张的情况下，国家可以通过限定关联账户每日使用的总金额，实现"能源总量"有效管控，客户也会主动节约能源，为"资源节约型社会"做出贡献。如果客户出现逾期不还等情况，将会扣减"能源总量"，直接影响正常生活，这有利

于促使社会诚信度提高。

3. 完善人才体系，筑牢发展根基

以信用卡队伍的纯洁性、专业性、战斗力为重要支撑，以全面加强监管、防范化解风险为重点，持续提升从业人员的市场化、法治化和国际化能力与水平，坚持政治过硬、能力过硬和作风过硬，着力培养一支与新时代信用卡高质量发展需要相适应的高素质信用卡人才队伍。

华为总裁任正非曾说道："世界上的一切资源都有可能枯竭，但只有一种资源可以生生不息，那就是文化。"

> **小贴士——**
>
> 信用卡文化是银行在长期的经济社会活动中凝聚而成的道德观、义利观、经营观、创新观、治理观，这些观念与现代金融治理高度融合，它是促进信用卡业务持续健康发展的重要支撑，是凝聚力和创造力生生不息的重要源泉，是一家银行"软实力"的重要体现。当今，银行的竞争力越来越体现为以"文化"为重要背景的综合实力竞争。

信用卡管理之创新发展篇

中央金融工作委员会指出：持续推进我国金融事业实践创新、理论创新、制度创新，其基本要义是坚持以人民为中心的价值取向，坚持在市场化法治和轨道上推进金融创新，坚持深化金融供给侧结构性改革，坚持稳中求进的总基调，坚持处理好守正和创新的关系，以稳妥有效的风险防控守护金融安全。

金句 86　建立管理制度，推动"常态"创新

信用卡客户基数大，场景应用多，是科技创新和新质生产力应用的前沿阵地。当前，大中型银行的信用卡业务发展已普遍从扩大规模转向结构优化，创新带来了产品功能、用卡环境和服务的新突破。制度上形成鼓励"金点子"的行为，并将创新和创效工作落到实处，为各种好的创新思想营造一个开放的"市场"。

"创新不仅是业务部门的事情，更是全行的工作"，将这种思想始终贯穿于整个信用卡业务的发展过程中。建立信用卡业务创新委员会，加强组织领导，进一步发挥主观能动性，做好创新的组织推动、机制建设和具体实施。完善创新创意的系统功能建设，建立从创意提出到项目孵化、分析研判、转化跟踪、落地实施、跟踪评估的全周期化管理，明确涉及数字化经营、流程优化、风险防范和技术开发等相关部门或者团队的职责，切实做好分工协作。根据紧急程度优先排序，实行分级转化处理。

要通过定期走访客户、研究市场变化、监测同业产品、收集客户反馈、把握新技术发展趋势等方法，不断挖掘创新潜力，将各渠道收集来的零散需求进行有效整合，形成可行、可用、先进的解决方案，持续提升创新的质效。

对于在管理和业务创新上好的想法，一定要给予奖励，不要怕创新上的失败，长期将"主动创新"形成制度和考核奖励办法，传导至各级员工，尤其是基层，因为创新很大程度需要基层的智慧，他们更能从客户的角度去思考创新方案。营销人员个人层面上的创新可能是灵机一动，可能是高压所致，可能是经历所造，还有可能是"犯错"得来的，有时候是无意识的。有时候创新已经形成，但他们自己还不知道，需要管理者主动发现基层的创新价值，在更大范围进行推广，把个人层面的创新提升到企业战略层面上来。当然，也要保护好他们的"专利"并予以奖励。

小贴士——

管理者要通过调查研究、追踪督导、活动评比、总结通报和交流分享，营造更加浓厚的创新氛围，形成信用卡业务创新管理的良性循环，将创新管理工作纳入各级机构和相关部门的日常工作流程，成为日常考核指标，构建创新赋能的核心竞争力。

金句 87 完善产品功能，打造"需求"创新

近年来，各家银行信用卡产品创新多数围绕"整合、融合、组合"进行。新发行的信用卡产品，以"信用卡 + 合作方"为主。随着产品同质化增加，加上虚拟卡的大量发行，造成制卡、库存以及营运成本的增加，闲置了大量实体卡。产品创新一定要围绕市场和客户需求进行，明

确目标客群，实现权益和功能的耦合，不要为创新而创新。

（1）与政府平台、行业头部企业合作发行具有"行业应用功能、便捷服务以及高附加权益"的产品，容易受客户欢迎，例如，基于理想、小鹏、华为等车辆智慧管理的信用卡（输入卡号认证车主身份即可操作车机、关闭卡片支付功能即停止汽车使用、充电和指定商城购买配件从卡上自动扣划等）。与税务部门发行具有纳税申报、自动扣税功能的信用卡，并根据纳税金额进行企业贷款授信。发行基于医保和病历档案信息分析管理，在线问诊服务的大健康信用卡。发行企业信用卡，登录政府类 App，如办事通，视同身份认证，直接在线申办法人类事项。

（2）银行与某单位携手发行"工作通"信用卡。"工作通"信用卡，顾名思义，就是单位与员工相关的事项通过信用卡来实现，例如，通过卡片绑定银行 App，扫码完成门禁管理、停车管理、饭卡计费、工会会费使用、办公用品领用、特殊设备登录、公务消费和报账等工作事项。试想，这样的信用卡是否能达到 100% 的卡片活动率，是否能实现高贡献呢？

（3）发行真正的"个性化"信用卡。目前，市场上有"卡面自主设计"的银行卡，但从卡片的整体看，还未完全体现出持卡人的"个性"。例如，"个性化"信用卡应该包含但不限于以下三个方面：

第一，卡片有"个性"。卡面可以自己设计，在一定比例内，卡片形状自己设计，3D 打印卡片。正面的卡号可以自己设计，背面是真正的信用卡卡号。

第二，使用有"个性"。自行设定 3 个重要的日子，在这一天消费多倍积分，享受特别优惠；能在哪类行业消费自己设定；是否开通电子支付和境外支付自己设定；质押卡片额度办理其他贷款；卡片作为身份认证等。

第三，管理有"个性"。账单日自己设定；在一定范围内，信用额度自己设定，每日支付限额自己设定，锁卡时段自己设定，快速提额自己设定；自动分期自己设定；还款方式和还款提醒日自己设定；AR 互动自己设定；参与公益和慈善的方式自己设定。

> **小贴士——**
>
> 　　银行通过升级金融科技创新能力，持续完善信用卡功能，提升了金融服务的普惠性，改善了消费体验。刷脸支付、刷掌支付等每一次支付黑科技的爆点，都为信用卡的使用场景提供了新引擎。银行在创新上除了不断突破自我，也要与外部前沿保持深度融合。

金句 88　选择优质客户形成"目标"创新

信用卡客户经营最根本的驱动因素是"客群结构"。信用卡的目标客户通常具有稳定职业、稳定收入，例如，政府、事业单位和国有企业等"双稳定"客户。近年来，多家银行结合风险管理和价值创造等因素，持续优化客群选择，加大年轻、车主、财富等重点客群专项经营，实现"质量、规模、效益"动态均衡发展。

只要数据查询和来源渠道准确，组合多条政策延伸客户选择面，拓展客户准入条件，甚至成为大额分期的目标客户，当然，这些客户最好是本地户籍。行内外很多交易数据形成的客户全景标签画像，是信用卡目标客户的重要来源。

1. 通信稳定的客户

省内最近一年月均手机话费充值满 150 元以上的客户，且手机号码 5 年以上未更换。

2. 生活圈稳定的客户

最近一年在当地知名百货、大型超市、前50大餐饮店累计消费满36次、金额达到1万元以上的客户。

3. 车价较高的车主

最近一年私家车加油支付超过4800元或者充电支付超过600元的客户，或者缴纳车险超过3000元的客户。

4. 高端商品房和多房客户

最近一年缴纳物业管理费超过2000元的客户。二套住房没有贷款或者有第三套住房的客户。

5. 高收入客户

最近一年连续正常缴纳个人所得税，月均纳税1000元以上的客户。

6. 乡镇类客户

连续三年缴纳农业险，保费达一定金额的客户；根据种子、化肥、人工、除草等花费测算成本，结合贸易商应付款情况和历史收入，减去成本测算年净收入达到4万元以上的客户。

7. 直系亲属

持卡人使用信用卡满1年，还款正常，不存在非法套现等行为，直系亲属以此为准入，持卡人承担一定比例的还款责任。

8. 他行优质客户

本行储蓄卡还他行信用卡或网贷（可指定网贷公司），满1年，还款超过12次，累计还款金额超过2万元。

目前，大多数银行的储蓄卡客户要远远多于信用卡客户，做好行内客户覆盖也是拓展信用卡客户的重要路径。"高频用卡，合规用卡，承担逾期罚息或者办理分期付款，产生生息资产，且能在合理时间内还款"的客户，才是银行最喜欢的信用卡用户。

小贴士——

　　数字经济时代，数据成为新型生产要素，以数字化手段拓展"信用发现"，为选择优质目标客户输送数字生产力。银行有必要在"谨慎用卡，按时还款"和"高频用卡，能够还款"两类客户之间做好风险与收益的动态平衡。无论如何选择，具有一定消费能力和保持合理收入水平的客户始终是银行重点选择的方向。

金句 89　优化业务流程，促进"体验"创新

　　优化业务流程是对现有业务的操作、效率、服务等进行梳理、完善和改进，能够提升集约化经营水平和客户满意度。"体验"创新的关键是牢固技术架构底座，形成敏捷化经营的数字化配套，并且结合客户需求，构建场景广泛、交付智能且贴近生活的跨域服务生态。

1. 即办即领

　　在银行网点的智慧柜员机中，至少常备两款卡片，例如，金卡和白金等级卡各一种，卡片总量各保持在 50 张以上。该项工作相当于把制卡设备前移至智慧柜员机中，客户完成申请，待审核通过后，快速将客户信息写入卡片，在卡面上刻上客户姓名的拼音。要把握好时间，不要让客户等得太长，全流程控制在 5 分钟内最好。同步协助客户激活卡片，提升活卡率。"即办即领"还能有效节约人力成本、快递成本等。

2. 即贷即用

　　第三方公司推出的、类似信用卡的产品如微信微粒贷、支付宝花呗、京东白条、唯品会唯品花等，有效结合了消费场景，在客户购物结算时给予"贷款方案"。利用大数据精准定位客户，精准授信，再配合优惠推送，在线上实现"一站式"申请，快速放款。从在线支付的角度

看，信用卡就是一个支付和还款的账号。发卡银行应围绕场景化营销，搭建更多"即贷即用"场景，例如，装修公司、汽车经销商、家居建材市场、头部电商、大牌商城等。

3. 权益定制

信用卡产品权益要由现在的"银行设定"向"客户可以选择或者定制"转型，因为有些权益并不是所有客户都真正需要的。产品权益不一定要与"奢华"紧密结合，但要为客户解决其所不能解决或者需要银行协助解决的问题，例如，私人明星派对、私人医生、私人律师和私人经济顾问等。

信用卡的积分到了一定阶段，不仅能兑换礼品，更能兑换服务，例如，财务报表审核，造价咨询，家庭理财顾问，开展公益事业，甚至是接送小孩等。信用卡的额度将会向"爱用卡和诚信用卡"的客户倾斜，降低"少用卡和失信用卡"的客户额度占用。

小贴士——

"向创新型银行转型"的一个重要革新是客户"体验"创新。优化流程在改善客户体验的同时，也能改善员工体验，实现经营要素的灵活组合，构建成本更低、效率更高、体验更佳的端到端服务交付，厚植长期可持续发展的新动能，实现更加多元的价值贡献。

信用卡管理之基础夯实篇

当今，银行的工作已经立体和多维，既注重市场竞争、风险控制、队伍建设等，也更加突出党建工作、转型发展、创新创效等，这对信用卡业务的基础工作提出了更高的要求。应通过优化厅堂布局夯实服务基础，双向引流铸牢客户基础，物理网点转型增强营销基础，构建风控体系结实信贷基础，内涵增长巩固财务基础，培养人才厚植队伍基础。

金句 90　优化厅堂布局

厅堂布局关系到网点内客户和员工的动线管理，从网点装修设计起，影响着网点产品销售、服务质量 5~8 年。笔者经过多个机构的网点管理实践，发现部分网点日常使用时主要存在如下问题：

网点装修设计时，设计公司重点关注高柜、低柜、大堂、理财室、办公室、设备间、储物间、劳动者驿站、厕所、政务服务区、场景体验区等功能区域的划分，更加注重美观、大气、潮流。设计师可能缺少银行从业经历，结合网点人员数量、岗位设置、动线管理等考虑不够，例如，出现副行长、客户经理缺少办公室；厕所不够用；叫号机有时候没有员工引导取号或者需要增加一名员工专门指导取号；客户到办公室交流时，座位少；没有员工休息室、用餐区，或者面积太小；高柜窗口、低柜窗口过多，但很少全部使用；理财室进出必须穿过大厅，但有些VIP 客户喜欢低调来去等。

网点负责人进行阶段性总结时发现：大堂经理每天穿梭于厅堂之

间精力消耗过大，到下午 15 点后状态不佳；高柜区域客户排队等候时间一直降不下来，有时候还要借助"人工取号"；高柜、低柜、大堂经理的联动成效不佳，比同类型、同区域的网点到店客户多，但产品销售少，资金和贷款规模提升慢。经过人员相互轮岗后，发现起色并不大。

其实，归根结底还是厅堂布局不合理，需要尽快优化。下面以笔者为某旗舰网点进行厅堂设计修改为例。

网点基本情况：员工共有 28 人，其中行长 1 人，副行长 2 人，高柜柜员 7 人，主管及高级柜员各 1 人，低柜柜员 3 人，大堂经理 3 人，对私客户经理 2 人，对公大中型客户经理 3 人，小微信贷客户经理 2 人，负责综合事务 2 人，外聘驾驶员 1 人。高柜日均叫号 90 个，日均到店客户 130 人。

修改内容如下：

（1）调整高柜和智慧柜员机位置。智慧柜员机、叫号机、高柜、低柜保持最短动线，智慧柜员机和叫号机相邻，当大堂经理正在智慧柜员机指导客户办理业务时，可以兼顾引导取号的客户实行分流。原稿三个高柜至智慧柜员机的距离为 6.5~12 米，调整后为 4~6 米。原稿叫号机离智慧柜员机的距离为 5 米，调整后为 1.5 米。原稿低柜离智慧柜员机的距离为 15 米，调整后为 8 米。高柜、低柜出现商机提示时，可以短距离引导客户至智慧柜员机办理，大堂经理也能就近服务等候区的客户。大堂经理每天在厅堂穿梭至少减少一半的步数，有更多精力来服务客户。

（2）在理财室增加副行长室（分管零售业务），便于维护高端客户和加强厅堂的现场管理。

（3）在理财室增加一个到网点外的门，便于高端客户低调来和去。原稿高端客户进出理财室必须穿越大厅。

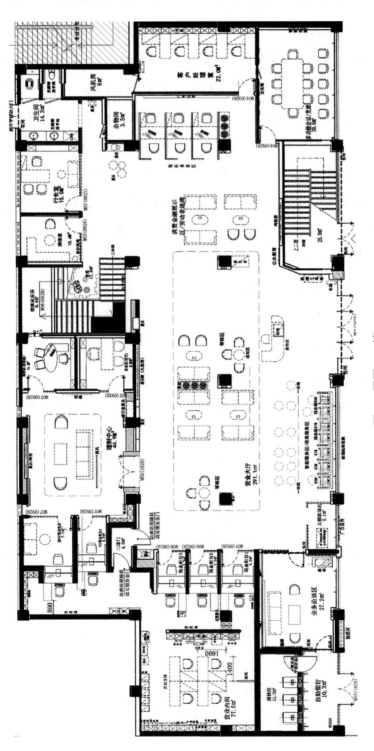

图 4 原图：一楼

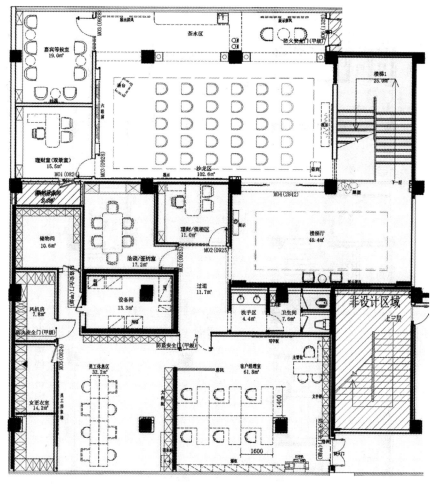

图 5　原图：二楼

（4）在理财室增加了一个低柜，便于对公 VIP 客户和个人 VIP 客户在舒适的环境里面办理开户、结算等业务。

（5）增加高柜区厕所，原稿高柜区没有厕所，员工上厕所需要穿越整个大厅或者上二楼。

（6）对公客户经理室增加了两组沙发，便于与客户交谈。增加了档案柜。一楼将行长室换成副行长室（分管对公业务），便于就近服务对公客户。将行长室搬至二楼，并在旁边设立了洽谈室。原图两位副行

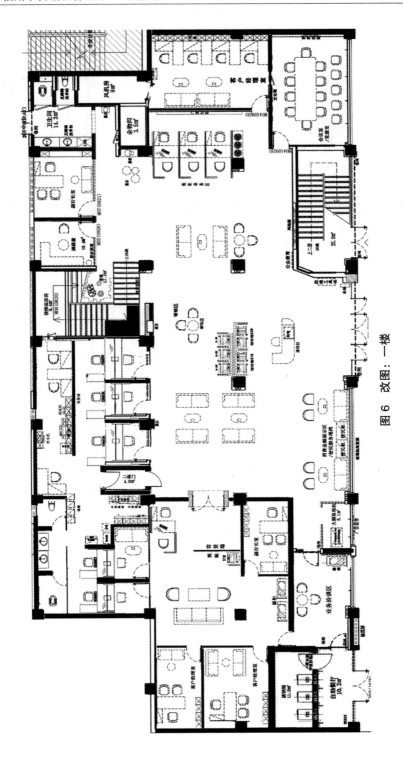

图 6　改图：一楼

长合署办公，没有单独的办公室。

（7）支行客户较多，将一楼会议室由8人桌改为10人桌。

（8）二楼大办公室办公桌右侧为3个对公客户经理使用，并增加了洽谈区。左侧为两位综合事务岗和驾驶员工位。

（9）茶水区涉及电、火，调整为离防火安全门较近位置。

（10）理财室、会议室、员工休息区、双录室、嘉宾等候室等多个独立区域，最大限度地保证全体员工得到清静的午休。

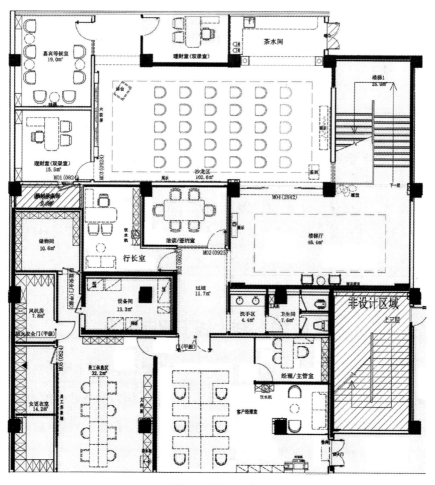

图7　改图：二楼

对于一个面积在 300 平方米以内的中、小型网点，图 8 的各区域布局相对合理，客户和员工动线相对较短，便于高柜和其他区域分流，服务效率更高，产品销售更好。

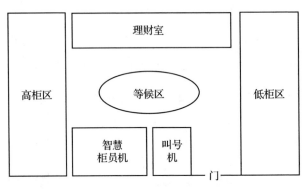

图 8　平面图

小贴士——

"厅堂不再高雅，关键在布局；员工不分新老，关键在方法。"银行网点要树立"决胜在网点——向厅堂要效率"的强烈意识，从设计之初全方位思考，持续优化厅堂布局，充分利用网点的主场优势，把厅堂的客户资源用好用足，提升营销产能和服务质量。

金句 91　线上线下双向引流

当今，物理网点是银行日常经营活动的主要载体和最重要的基础设施。在万物互联的数字化进程中，极大地延伸了银行服务社会的边界。部分银行利用信息技术密切了和政府的合作，加快了线上、线下双向引流，将云端服务延伸至厅堂，将网点厅堂服务云端化，进一步提升了综合服务效能。

据《中国数字经济发展研究报告（2023年）》显示，2023年，我国数字经济规模达到56万亿，占国民经济比重40%以上。2023年10月25日，国家数据局正式揭牌，数据要素整合共享和规范利用。各地政府加快数字化政府建设步伐，"一网通办、跨省通办"等在多地上线。部分银行利用前沿技术、资金管理、网点服务半径、信息安全等优势，助力各级政府数字建设，例如，办事通、阳光"三务"、渝快办等。建立"数字化平台＋政务＋金融"服务新模式，致力于"优政、兴企、便民"，畅通政务服务流程，企业办事不求人，审批不见面，群众少跑路，银行网点就近办，实现银行和政务服务"双向赋能"。

部分银行营造开放共享的生态圈，结合B端企业的痛点和堵点，帮助搭建服务上下游供应商、经销商、消费者的降本增效平台，以数字化平台方式协助企业从融资、投资、项目、生产要素流转、结算、信息建设等方面优化经营模式，例如，与商户开展App、微信等生态场景合作，相互驱动，将双方的存量客户变为各自的新用户和活跃用户；发放政府补贴的消费券；监管农民工工资发放时效；帮助食品生产企业搭建交易撮合、产品溯源、物联管理、电子商务等智慧管理平台。

线上获客。利用信息技术升级G端和B端服务，在平台上无感嵌入产品，开立电子钱包用于支付，预开立对公账户，开立单位公积金账户并缴存公积金，批量发放补贴、工资等。

线下引客。大量客户到网点办理社保、纳税、公积金、养老金、行政处罚等，带来了产品销售和资产配置的商机。通过办理贷款、理财、代扣代缴等业务，注册银行的App，进一步增加了与银行的黏性，对业务增长带动十分显著。

信息跟进。申报工程项目审批可跟进造价咨询、投标保函等业务。新发放建设工程规划许可证、预售证，可跟进预售资金监管账户开立、住房按揭贷款等业务。

数据资源。银行在平台经营中汇集了政府、企业、个人多方行为数据，为信用评价提供重要的数据挖掘和分析参考，例如，根据 B 端企业支付给 C 端个人的月均结算量（收入）、个人申报纳税、养老保险缴费、不动产登记等创新信用卡申办准入政策；根据 B 端企业支付（含应付）给上下游企业的账款和资信情况，创新供应链贷款、企业商务信用卡、普惠贷款等申办准入政策；根据楼盘竣工验收时间，推荐装修分期；根据社会保障相关信息开展催收和风险管理。

小贴士——

"举目已是千山绿，宜趁东风扬帆起。"政务服务覆盖个人和企业的全生命周期，数据质量高，"数字化平台＋政务＋金融"让银行找到了服务社会的切入点，带动了多项业务增长。通过串联 G 端、B 端，拓展了网点服务的内涵，除了获得到店客流外，还能有效汇集信息流、资金流、数据流，形成了 C 端个人客户的有效转化。

金句 92　物理网点向"精"和"轻"转型

随着电子渠道的深入推广，业务办理"自动化、智能化、移动化、自助化"水平的持续提升，银行结合客户到店量、人力成本和运营成本等综合考虑，采取撤迁低效网点、归并服务半径相近网点、缩减网点面积、扩大优质网点规模等方式持续优化网点结构，实行线上线下双向引流，将网点由烦冗服务向"轻"服务转型。

1. 优质区域

不少银行撤销了业务规模小、逐年增长慢的部分"卫星"式基础网点和交易量较少的存取款设备，着力打造旗舰网点和综合网点。到店客流量小、对公对私账户少，缺乏高流量资金，产品活跃率低和资金沉淀不够，贷款对象不足，这是不少银行关闭了机场、高铁站、小型社区和小规模写字楼等附近网点的重要原因。

充分结合客户、商户、企业的"稳定性"和"成长性"，面向商业、零售和经济活动密集的商圈核心地带布局网点。所以，中央商务中心区、网红步行街、中心街道等当地人流量较大的知名商圈、或者方圆1000米内居住人口超过1万人的大中型社区、当地政府重点招商且入驻企业生产经营情况良好的开发区等是个很好的选择方向。

2. 服务的重点客户和潜力客户

围绕对公条线服务的优质企业，例如，不少银行在茅台集团、五粮液集团、一汽集团、铁路集团等单位附近设有网点，甚至以单位命名网点。部分银行根据政府发布的消费指数，在排名靠前的购物中心、网红商圈、CBD等挖掘潜力客户，结合新开企业账户及流水、代发总量、企业贷款发放、新建楼盘个人住房按揭贷款发放、日常客流量等指标设置网点。县域重点采取"综合网点＋移动金融服务点"模式，持续优化经济强县和人口大县的网点布局。

3. "数字化"和"场景化"银行

运用人脸识别技术锁定客户信息，绘制厅堂热力图，将厅堂人流、大堂站位及交易数据进行可视化呈现，对到店客户开展精准营销服务。引入屏对屏交互、自助柜员机、仿真机器人、云上网点、云工作室等，非现金业务的替代率达到90%以上。部分银行在网点开设了"5G智能＋"主题专区、政务服务区，赢得了市场赞誉。"数字化"银行深度挖掘客户行为特点和潜在需求，进一步为网点赋能减负。

部分银行将网点周边商圈、客群特征进行场景化组合，地铁银行、家居主题银行、汽车主题银行、互联网商城银行、咖啡银行等增强了到店客户的体验感，实现了客户、商户、银行三方的良性互动。社区银行、绿色试验区银行、普惠金融特色支行、劳动者港湾、创业者港湾、户外驿站、乡村振兴服务点等，让银行提供更加多维度和跨行业的金融供给。

4. 员工私人智能助理

部分银行除为网点客户经理、直营经理、客服经理提供数字化经营工具外，还通过持续做强客户数字洞察能力，对每日工作内容进行清单化展示，完善客户行为分析、关系识别、权益明细、资金流向等功能，智能匹配出客户的潜在需求，并供给产品、权益、话术等服务策略，例如，结合手机银行理财板块浏览量、高回款留存、第三方理财资金进出、偿还他行信用卡等上百种模型寻找客户。还可以自建模型挖掘客户，例如，新办信用卡首月活跃但次月不活跃的客户、分期贷款支用额度小于 60% 的客户等。随时为员工进行自然语言交互应答，提供全天候的工作陪伴，仿佛为员工配置了一名"知识面广、业务精通、经验丰富"的私人智能助理。

小贴士——

坚持科技创新和制度创新双轮驱动。随着科技金融和数字金融的发展，物理网点向"精"和"轻"转型是今后一段时期的必然趋势，因地制宜地优化网点布局，实施网点数字化和场景化转型，延伸无网点区域的服务半径和链接互通，持续开展数字化赋能优化员工工作方式。

金句 93　构建"前、中、后"三端风控体系

在互联网融资借贷平台亟待规范、欺诈手段层出不穷、支付方式日新月异等背景下，不良贷款和不良率呈上升趋势，资产质量管理承压。

唯有通过构建科学有效的全流程风险防控体系，平衡好发展速度、发展规模、发展质量和发展效益之间的关系，才能持续增强风险管理的价值创造力。

2022年7月，国家金融监督管理总局和人民银行联合下发了《关于进一步促进信用卡业务规范健康发展的通知》，包括严格规范发卡营销行为，严格授信，严格管控资金流向，严格合作机构管理，规范分期业务，加强消费者合法权益保护，推动信用卡产业的"供给侧改革"与高质量发展。

完善制度建设，明确贷前、贷中、贷后环节各岗位职责，构建反欺诈、准入、授信、贷后管理等全流程风控体系。信用卡业务部集中管控、专业分工，例如，成立反欺诈团队、风控模型优化团队、资产管控团队等。

1. 前端注重主动防范和真实性核查

（1）三个"风险点"。

1）提供虚假证件。通过提供虚假的证件材料，如结婚证，利用真实的对方、对方真实的财力证明材料给本人办卡、办高额卡。

2）修改证件信息。修改证件姓名和证件号码，编号是真的，名字是假的，最突出的是改不动产证、车产证上的姓名。

3）中介包装。中介对私企和个体客户进行包装，尤其关注主动持不动产证、车产证来办卡的客户。通过中介代办、流水生成器App等编造"假流水"，当场开通手机银行或者到银行网点陪同打印即可识别真假。

风险控制关键点：做好客户辅助性材料的真实性核查。

（2）三个"当心"。

1）当心频繁流动人员。特征：住宅性质为"租房"，单位地址和住宅地址一致，自由职业做销售，或者在某个体企业上班。

2）当心套用相貌。特征：与真实证件上的人长得像。仔细做好证件和人的比对，多问一些问题。通过刷脸认证，进一步确认身份的真实性。

3）当心修改手机号。特征：手机号码是激活卡片、绑定卡片、消费认证的重要工具，当心修改手机号码。另外，手机号码是否填写准确十分重要。

风险控制关键点：严格按照操作规范执行，严格履行"三亲见"规定，并认真核对手机号。做好客户工作性质核查，尤其是流动性较强的高风险行业。

（3）四个"慎入"。

1）经营不善的企业和行业。特征：经济下行压力加大，部分企业经营效益不好，应收账款较多，员工通过办卡缓解资金压力，单位组织办卡集资。要定期提供黑名单企业，前端也有义务主动上报。如果批量办卡，一旦出现风险，很可能是群体性风险。

2）个体行业。特征：收入和工作的稳定性相对较差，受市场波动的影响较大，尤其是职业规范性不强的客户。要考虑该类客户的"收入不稳定、职业不稳定"特征。

3）不理财的拆迁暴发户。特征：固定收入来源较少，如果不做好理财，肆意挥霍，会出现资不抵债的风险。要了解客户的资产结构和理财情况。

4）存款稳定性差的客户。

特征：存得多，走得快，代发工资入账即转出。要充分了解客户走款的原因，尤其是防范通过短期代发、流动存款等美化资信，成功准入并套取"高额度"的行为。

风险控制关键点：关注企业和个人的收入情况，包括资产构成和收入的持续性，以及职业的稳定性。对于上述客户的真实情况，建议营销端多了解后，在申请资料上备注说明。

2. 中端注重数据甄别、典型特征判断和对前端的指导

（1）审核部门定期与经营部门召开审件沟通会，站在不同的视角有效论证风险，达成风险管控共识，出台"风险提示"，更新"营销指引"。根据新出现的苗头性风险和案例，进一步指导前端有效防范伪冒、欺诈等风险，确保申请行为的真实性。

（2）审核人员要定期召开审件例会，共同分析风险案例，对审核标准进行统一。同时，主动邀请先进兄弟行上门培训，沟通准入和授信政策，强化审核技能。

（3）审核部门主动深入基层送教上门，分析查摆"通过"和"不通过"的原因，减少前端退件率。

（4）不断丰富"第三方核查"数据，充实行内外核查资源，注重公积金、社保、物管、房产、充电、加油、电信、会员交易信息等地方特色数据的补充，通过大数据画像增强对客户风险特征的综合判断力。

（5）征信审核人员要做好填表信息与系统信息的比对、电话调查、信用记录判断、风险特征识别以及辅助证明材料的真实性核查。授信审批人员要做好刚性扣减，多头授信等额度管理，避免超"偿债能力"授信，对客户资信情况进行再次研判，在客户偿债能力范围内合理授信。

（6）围绕逾期和不良资产管控、贷款回收、委外催收、不良资产处置、新暴露逾期和不良等制定风险管理价值评价体系；围绕征审和审批作业时效、放款周期、质检整改回复率、系统预警处置时效等制定运营流程评价体系。

3. 后端注重系统建设和合规管理

（1）在进件端建立黑灰名单库、反欺诈模型、监管规则、客户风险画像、信息核验等，开展欺诈风险精准防控。

（2）动态更新审核评分模型参数，减少审核全流程的人工干预，将系统自动审核处理率保持在合理水平。

（3）加大授信稽核的人工管理力度，提高稽核比例，及时反馈存在问题的审核件至审核端，并要求限时处理。

（4）常态化做好额度动态管理。根据客户用卡情况，例如，最近半年内累计交易额是固定信用额度的3倍以上，且还款正常，不存在套现嫌疑，即可调高额度。结合节假日消费高峰以及当地特色促销活动，主动给频繁用卡、消费地点合理、额度使用率高、还款正常的客户调高信用额度，甚至开展"合规用卡"的集体调额活动等。对潜在信用风险客户、套现客户及时调低信用额度，做好卡片管控。

（5）做好持卡人用卡行为常态化监测，持续丰富模型参数，重点监测违规套现、涉赌涉诈、恶意透支、高风险用卡以及流入股市、债市、房市、生产经营等领域，对贷款之间交叉逾期及时识别和处理。

（6）做好分期商户、收单商户的交易监测，合理管控外卡商户的交易限额。利用第三方机构诈骗的企业屡见不鲜，例如，买壳、变更经营范围等取得汽车销售资质，开展分期骗贷。对已纳入黑名单的商户不予准入，对发生过争议交易的商户进行重点管理。及时将风险商户名称、法人等相关信息报送卡组织及同业风险信息共享系统。对于欺诈交易商户要及时做好管控，最大化确保资金安全。

（7）丰富智能语音催收系统功能，根据债务人的实际情况，制定个性化催收策略，如对暂时遇到困难的债务人推荐协商还款等，联合公安机关、法院开展司法催收。充分运用回收、核销、证券化、批量转让等多种不良资产处置手段。平时做好客户企微添加，积极寻求与第三方的大数据合作，丰富与客户的联系手段。

（8）加大安全用卡宣传，普及安全用卡知识，向客户提示常见和最新的诈骗手法，提升客户安全用卡意识。

> **小贴士——**
>
> 　　多数信用卡产品的准入和授信，依靠客户个人的"纯信用"。既要注重客户收入的可持续性，考量其收入覆盖风险的能力，也要关注其职业的稳定性，降低流动性风险。防控信用风险、操作风险、道德风险等是商业银行风险管理的核心职责，尤其是不要爆发群体性风险和系统性风险。

金句94　坚持"质效提升"的内涵式增长

信用卡业务的收入主要来源于三项：手续费收入（含消费回佣、取现手续费、分期商户返还手续费等）、循环贷款利息收入、分期贷款利息收入。成本主要有三项：资金成本、运营成本（含分期支出、发卡成本、催收支出、积分兑换、品牌服务费、某些产品专项支出、外包支出、促销活动费用等）、风险成本（包括资产减值损失、经济资本等）。银行要从收入和成本两端发力，降本增效，坚持以服务创造价值。

1. 存量经营

高度重视存量客户经营，巩固收入来源。当年新拓展客户产生的收入，相比庞大的存量客户占比较小。加强存量客群分析管理，首先要促进卡片进行微信、支付宝双绑定，抢占移动支付高地。申办后前三个月活跃，持续活跃的概率非常高，因为客户习惯了使用该卡。将有限的资源进行合理规划，例如，通过配置"随机立减、高频消费商户定向券"重点促活首月活跃（可能是为了赢得活跃礼，或者在营销人员指导下"活跃"），次月不活跃的客户。通过配置"消费笔数或者金额达标，笔笔返现"的专项资源重点促活"消费笔数少于6笔、90天以上不活跃"

的客户。在有限的资源内，更加注重结合客户个性化需求精准匹配权益，打造差异化服务。

2. 企微添加

要做好信用卡客户"企微添加"这项基础性工作，按照活跃情况、客户等级、风险分类等打上个性化标签，便于分类服务客户。对于"次月不活跃"客户，经过大数据分析后，派发客户账单地址附近热门商户的微信定向立减券，能够激发客户的用卡动机。对于"逾期"标签客户，批量发送还款提醒信息，比人工逐户电话提醒，甚至无法接通效果要好。客户电话号码可能更换，但微信很难不用。60 天以上的逾期贷款和不良贷款减值计提比例较高，部分银行组建了风险管理直营团队，重点做好个人贷款客户的资产质量管理。

3. 生息资产

客户正常用卡消费后，在免息期内按时还款，这类循环贷款属于无息资产，而且占用资本金。如果客户逾期、透支取现、按"最低还款额"还款，将产生利息，成为生息资产。近年来，发卡银行全力做大分期贷款余额，分期利息收入已成为信用卡收入的主要来源之一，部分发卡银行的分期利息收入占到信用卡收入的 60% 以上。随着市场化竞争的加剧，部分分期产品的年化利率下调至 4% 以内，导致信用卡盈利能力大幅下降。分期业务是发卡银行重点争夺的高地，仍然需要加快数字化转型，做好 App、电销、外包等渠道的推动，提升"量、价、险"平衡管理能力。

4. 分期支出

分期支出包括外包费用、付给 4S 店和电商的佣金、付给贷款垫资方的佣金等，在支出中的占比较大，逐年上升较快，但对业务收入的增长带动逐年放缓。部分银行开始严控分期支出，按照真实、合理的原则规范分期支出，明确单个合作方的分期递延前收入应覆盖支出、资金成本，当年分期总支出不超过当年递延前收入的8%。

5. 良性经营

虽然央行取消了信用卡透支利率上、下限管理规定，但银行的贷款利率下调空间非常有限，这和成本息息相关。资金成本低、运营成本低，贷款利率的空间就大，物美价廉更能吸纳优质客户，银行面临的风险更低，盈利能力更强。这背后与系统建设、客户结构、风控手段、一体化经营程度等息息相关。高成本、高收益必然面临高风险。一笔不良贷款带来的损失，相当于数十倍金额正常贷款得到的收入。部分银行在经营中提出坚决摈弃"单一价格战"思路，确保价值客户、价值商户、价值账户均衡发展，持续增强价值创造力，坚定不移走质效发展道路。

> **小贴士——**
>
> 通过"跑马圈地"大首笔拓展规模的传统经营逻辑已悄然发生变化，随着净利息差空间的持续压缩，禁止手工补息高息揽存，银行需要更好地统筹总量和结构、规模和效益、发展和安全，做好"量、价、险"管理，实现内涵式增长。

金句95　建立多条人才培养的通道

以金融队伍的纯洁性、专业性、战斗力为重要支撑，以全面加强监管、化解风险为重点，科学有效的人才培养体系是发掘人力资源和培养优秀人才的重要途径。建立多条人才培养的通道，着力培养一支与新时代银行发展需要相适应的高素质金融人才队伍，是当前银行转型发展的基础性工作，也是人才强行战略的重要保障。结合银行业务发展的实际，加强以下方面的人才培养。

1. "综合营销服务型" 人才

随着电子银行发展壮大，银行柜台人员越来越少，线上线下双向引流，将网点由烦冗服务向"轻"服务转型。银行逐渐不再局限于某种产品的专员岗位，除岗位不相容等风险控制因素外，不会重复为不同产品设置多个独立岗位。

管理者、客户经理、理财经理等职责将会被不断整合，每个人要具备零售、对公、同业等一系列产品的销售能力，掌握客户维护技巧，甚至直接参与到产品设计和创新工作。大堂经理要扮演客户经理、理财经理的工作角色，而不只是做好客户迎来送往、进行常规产品销售，也能做好客户维护的理财规划。客户经理、理财经理也要擅于厅堂营销服务。银行未来更多需要独当一面的"综合营销服务型"人才。

2. "专家型" 人才

在金融市场前沿发出"声音"的常常不是金融从业人员，而是"经济学家"，他们的实际从业经验并不丰富，他们的点评与银行的实际经营情况结合较少。为什么在金融市场前沿评论的不能是银行的从业人员呢？

各级管理者要主动发现全行某类业务专业能力突出的员工，建立"专家培养库"。选拔"熟手"交流轮岗到业务部门工作，将其培养成为支撑业务发展的"骨干"，再择优推荐其中的"拔尖"人才到上级业务部门工作，直至到总行业务部门。建立"网点→支行→分行→总行"的专业化人才培养体系，使培养出来的"拔尖"人才既能指导所在银行全国分支机构的业务发展，也能站在金融市场前沿为国内银行某类业务提供更有价值的经营管理参考，实现成果交流共享。

还有一些人才对信用卡业务的发展非常重要，例如，大数据分析人才、产品创新人才、新媒体推广人才、财务管理人才、系统开发和应用人才。

笔者相信，信用卡业务知识至少会被作为选修课出现在高校的教学中，也许还会有专门的消费金融专业。被政府权威部门认证的某些信用卡就像身份证一样，能够凭它来享受某些特殊服务，甚至是做一些担保和抵押等。

3. "管理型" 人才

要围绕"政治过硬、能力过硬、作风过硬"培养管理型人才，通过基层和部门多岗位交流和历练，不断丰富管理经验，提高政治站位，强化全局意识，既注重业绩表现，也看重综合素质。敢于在制度范围内"不拘一格"用人才，才能培养一批又一批"岗位经历充足、基层经验丰富、实战能力突出、敢于斗争、善于斗争"的干部队伍。

让管理者成为：员工动力提升的"火车头"，市场拓展的"排头兵"，人才培养的"导师"，费用管理的"行家里手"，发展创新的"发动机"，文化转型的"先锋"，爱国敬业、追求卓越的"企业家"。

小贴士——

"创新之道，唯在得人。得人之要，必广其途以储之。"高质量金融人才队伍是金融强国建设的有力支撑，是银行持续健康发展的根本保证。人才培养必须内化于心，外化于型。银行要持续建立和完善人才的培养体系，让综合营销服务型人才成为业务能手，专家型人才全面引导某项业务的发展，管理型人才持续带领团队取得经营管理的新进步。"会培养人的银行，会用人的银行，是拥有核心竞争力的银行。"

信用卡管理之未来展望篇

中央金融工作会议指出：加快建设中国特色现代金融体系，不断满足经济社会发展和人民群众日益增长的金融需求，不断开创新时代金融工作新局面。把握好快与稳的关系，在稳定大局的前提下把握时度效，扎实稳妥化解风险。信用卡业务的未来离不开这个主题，会随着金融强国的建设进程，着力推进信息技术应用和服务转型升级，在社会进步中展现自身价值，书写金融改革发展的新篇章。

金句 96　信用卡也有周期性特征

"监管趋严、资产承压、分期年化利率下调、贷款余额负增长、收入增速放缓、信用卡中心撤并、多方争抢消费金融市场"等与信用卡相关的热词频出。整体来看，我国经济逐步复苏，最困难的时期已经过去。虽然多数银行面临净利息差收窄和资产管控压力，但随着消费稳步复苏，我国经济稳中向好，银行仍然处于重要的发展机遇期。

作为消费金融的主力军，信用卡全面步入高质量发展的新阶段，既面临着新挑战，也带来了新机遇。信用卡也像市场经济一样，不同阶段的周期性特征相对明显，客户特征、市场状况、银行经营均有不同的表现。

表 10　信用卡的周期

阶段	客户特征	市场状况	银行经营
了解信用卡	信用卡处于萌芽期，尝试使用信用卡	大量的市场待开辟，获客的关键在于宣传和礼品	亏本。建立直销、电销、网点、网络等营销渠道，丰富信贷政策，加大信息化建设
使用信用卡	常态使用信用卡，习惯透支消费，办理大额分期	越来越多的发卡银行出现，开始抢夺发卡和分期市场	亏本逐渐变大，大数据营销占据主流，产品创新日新月异，完善信贷政策
活用信用卡	收入普遍提高，熟练使用信用卡的权益和功能，习惯场景消费	拼抢客户和商户进入白热化，银行和商户共建生态，角逐"服务"市场	收入渠道多样化，进入盈利期。利用App、微信、电商平台、人工智能等精准获客、活客、留客
选用信用卡	收缩消费行为，增加储蓄，用卡更加注重实惠、安全	进入经济复苏期和转型期，互联网金融平台、银行自营消贷产品与信用卡共同逐鹿消贷市场	从严审核，控制授信。资产质量承压，强化风控管理。利差收窄，降本增效。注重数字化转型和存量客户经营

著名经济学家罗伯特·索洛用"增长收敛"解释了一种经济现象："体量越大，边际收益越小，出现增长越慢的趋势。"高增速区间，勇于扩张，成功机会大得多；中增速区间，以市场竞争力为导向。竞争战略之父迈克尔·波特早在40多年前就为中增速区间总结了三条基本的竞争战略：总成本领先、差异化和聚焦。

刘润在年度演讲中分享了以下观点：减少商品种类，一切为了总成本领先；帮普通人省钱，有时恰恰最赚钱；有壁垒的稀缺价值，才是差异化；市场开始萎缩的时候，也是行业开始集中的时候。

在信用卡产品同质化程度较高的情况下，很难通过提升价格来获利，那么只有两条出路：一是信用卡作为综合服务某类客户的其中一项产品，综合定价，通过综合服务提升个别产品的收益率，这需要提升一体化经营和数字化经营的成效。二是降低价格提升竞争力，背后是低成本，包括资金成本、运营成本和风险成本，这三项在发卡银行还有可调控的空间。例如，压缩不创造价值甚至是长期亏损的产品和机构，通过平台经营、流量经营拓展资金来源渠道，降低高成本的资金规模，提升议价能力。控制外包费用支出、合作商户佣金支出，甚至催收、抵押、评估、诉讼、证券化、房租、物业、绿植、水电、办公、车辆、安保等日常费用支出。

高度重视风险控制，运用多维数据不断丰富客户画像，加强对客户的分析调查，动态设定风险预警模型，持续有效识别、计量、监测、预警、防范和处置风险。在符合监管要求的前提下，着力优化信贷准入政策，聚焦客群价值创造、中低风险资产占比和区域化经营，通过精细化管理、数字化转型、一体化经营、差异化发展等推动信用卡供给侧改革，提供更为优质的服务体验，为信用卡发展注入新动能，这才是正确应对任何经济周期，实现高质量发展的治本之策。

小贴士——

随着国家强国建设、民族复兴伟业的深入推进，越到高级阶段，信用卡市场周期性带来的波动越大，也越来越考验银行的经营管理能力。"履不必同，期于适足"，要充分把握好信用卡的周期性特征，深化金融强国建设，主动适应所在地区的市场变革，坚持稳中求进的总基调，应对和化解风险挑战，实现信用卡业务高质量发展。

金句 97　新质生产力主导信用卡业务的未来

中国银行业经过了 40 多年的信息化发展，科技迭代了金融生态，让金融的力量更强大。虽然市场上信用卡产品的同质化程度较高，但科技与银行业务数字化、设施智能化、平台开放化的结合程度，已在银行之间逐步拉开差距。创新起主导作用，具有高科技、高效能、高质量特征，符合新发展理念的先进生产力质态，是信用卡业务高质量发展的新竞争力和持久动力。

1. 核心技术

近年来，为降低对国外大型主机的依赖，有效控制成本，实现国产技术自主可控，多家银行建成投产了信用卡分布式核心系统。单点出现问题，不影响全局使用，能够支撑数万笔／秒的海量交易处理，打造企业级大数据云储存平台，为信用卡高质量发展装上了更加安全的国产"芯"。系统为亿万客户开展360度画像，制定多种客群经营策略，实现差异化定价，精准营销。数万个线上网点和云工作室服务数千万客户，RPA数字员工按照操作规则重复和精准执行各种烦琐任务，大幅降低差错率和操作风险。

2. 体制建设

部分银行成立了金融科技公司，取消了内设机构，组建灵活高效、敏捷组合的任务型团队，也打通了更为灵活的技术人员职业晋升通道。通过搭建一体化的研发体系，从需求到立项、实施、投产等环节，形成一套企业级的管理机制。开发和融合社会各方力量，陆续建立量子金融应用站、声纹和掌纹实验室、AI创新中心、安全攻防工场等。

信息化建设走在前列的银行，通过对外输出系统、赋能数字化运营、搭建生态平台、创新产品、储存数据等新经营模式，成为价值创造的又一增长极。信用卡科技开始向多个行业、多个领域延伸，成为带动其他业务发展和"一体化"经营的重要产品。

3. 服务效率

随着数字化转型的深度演进,基于市场需求和政策鼓励,信贷业务全面线上化成为必然趋势。"一趟不用跑"将成为新体验!包括信用卡在内的多项贷款将实现视频面谈、在线签约等全流程线上办理。分期将实现全流程线上申请、线上放款、线上抵押和解押。视频面签融合防伪检测,严防换脸、换声、换证件等欺诈行为,确保客户的身份真实、人真实、意愿真实。

4. 风险联控

银行之间的风险联防联控会更加紧密,行业、部门之间的信息限制不断被打破,一套真正的跨行业、跨部门,内容涵盖个人基本情况、学历、职业、收入、纳税、家庭与财产状况、各类缴费、各类消费、还贷记录、个人喜好等资信信息会被不断丰富和完善。

小贴士——

"工欲善其事,必先利其器。"展望未来,我们有理由相信,通过提高金融全要素生产效率,深度践行科技金融,锻造数字化核心技术,释放人才活力,不断创新服务模式,加快发展新质生产力,提升服务经济社会发展的可持续能力,才能在激烈的市场竞争力立于不败之地。

金句 98 "服务"的新内涵:共享和普惠

信用卡业务发展所做的产品创新、流程优化、系统应用、渠道建设等,最终落脚点是"服务大众安居乐业"。广大人民能公平获得金融资源,满足人民对美好生活的向往,是金融服务追求的目标。延展信用卡的服务边界,用金融的方法服务大众,普惠大众,纾解社会的痛点难点，贡献信用卡服务的温度和力量。

（1）部分银行的 App 走在了同业场景建设的前列，它向所有银行的客户开放，向收单商户开放，向政府公共服务开放，不收取手续费，免费提供服务，搭建了开放共享的生态平台。大型商业银行在系统建设上具有集约化优势，让科技成果赋能同业，实现共享复用，降低同业系统建设的重复成本投入，打造行业统一技术标准，为金融安全和稳定筑牢保障。对于新成立的城市商业银行、农商行等，核心系统是基础设施，如果能移植大型商业银行的成熟技术，既能节约巨额开支，也能快速提升综合实力。

（2）不少银行通过识别公众的绿色行为和记录消费端的轨迹，建立了个人"碳账本"，激发公众积极践行低碳生活，例如，开展乘坐公共交通、骑车出行、购买绿色环保用品、新能源购车分期等专项优惠活动。发挥金融机构产品和渠道优势，引导公众向社会文明方向前行，自觉参与环境保护，共建共享绿色金融。

（3）建设银行研修中心成立 5 年多来，开放办学、产教融合，与高校等联盟单位合作建立研修院、教研中心，在全国各地建立百所实训基地。围绕五篇大文章、三大工程、系统性风险防控、乡村振兴等，开展面向社会培训的"金智惠民"工程各类活动约 10 万期次。以基层党建、金融知识、农业生产为重点教学范围的 3000 余家"裕农学堂"惠及全国广大村民。搭建"建行学习"大型数字化学习平台，为建行员工、社会大众提供课程、专题班、直播、微课、考试等丰富多样的学习形式，小微企业主、民营企业家、基层干部、村民、建行员工等登录云端课堂，平台访问量突破 16 亿次，共享知识平台，为解决社会痛点难点提供建行智力支持。

小贴士——

　　"不要人夸颜色好，只留清气满乾坤。"银行要通过"共享和普惠"让金融服务全面普及，站在社会进步的高度承担更大的社会责任，赋予信用卡"历史、价值、文化"的品牌内涵，使其具有较高的社会知名度和认同度，用自己的"责任和温度"来赢得客户的青睐。

金句 99　践行信用卡的新金融之路

　　"坚持以人民为中心的价值取向，深化对金融工作政治性和人民性的认识，坚定不移走中国特色金融发展之路"，为金融工作提供了根本遵循。"金融应该服务绝大多数人而不仅仅是少数人"渐已成为金融业的共识。新金融是内部效益和外部效益的并联，作为上亿老百姓手头重要的金融产品，信用卡同样可以成为服务实体经济发展、助力人民美好生活的有力工具。

　　信用卡的新金融之路是以人民为中心，坚持人民至上的价值追求，而不是只顾眼前的利率和收益等，通过无序的竞争和内卷来获客，更不是遵从"二八定律"重点服务高价值客户。它的方向是沿着中央金融工作会明确的五篇大文章（"科技金融、绿色金融、普惠金融、养老金融、数字金融"）进行。

1. 科技金融

　　从分布式架构和国产化持续推进核心系统的自主建设，以企业级架构为核心，强化顶层设计，实现系统信息互通和数据标准统一，构建全方位的业务支持和风险防控能力。通过平台搭建、平台链接实现共建共享，面向外部客户提供科技产品和多元生态服务，例如，智慧政务、数字房产、场景生活 App、核心系统等。增强云平台算力和数据信息安全，实现端到端的解决方案和金融级防护。

2. 绿色金融

发行材质可降解的卡片，大力推广虚拟卡，使用电子账单和电子凭证，设立个人碳账户和绿色积分，点亮绿色节日，开展绿色公益。大力发展绿色装修分期和新能源购车分期，通过优惠回馈鼓励低碳出行，引导购买非高能耗、非高污染产品。未来，低空经济将是一片广袤的蓝海，例如，新能源飞行汽车等，为消费金融市场开辟了新领域。

3. 普惠金融

依托大数据，通过"数字化平台＋产业＋金融"模式，链接外部平台，畅通便民服务、电子商务、智慧村务等，打造金融服务乡村振兴的样本，让农村居民、中小企业、城镇低收入人群、老年人等及时、方便地获得信用卡服务。商务类信用卡和企业结合得更加紧密，为中小型企业的资金周转、大型企业的资金回流和经营企业的盈利增长提供帮助。随着中国在世界影响力的提升和人民币国际化步伐加快，带有"银联"标识的信用卡会在越来越多的国家和地区有着"用卡之地"。国内银行要做好准备，国外市场和来华外国客户又是一片"新蓝海"。

4. 养老金融

加大对每个网点的升级改造，配置拐杖轮椅、放大镜、老花镜、血压仪、血糖仪等。减少文字内容、放大字体字号，提高可读性，帮助老年客户跨越"数字鸿沟"。在自助设备开通扫码、刷脸、插身份证等办理模式，解决忘记带卡问题。按规定对部分业务开通远程视频面签、远程服务，减少老年客户舟车劳顿。宣讲安全支付、养老骗局、非法集资、反赌反诈等，助力老年客户提升防范意识。发行养老主题信用卡，放宽客户信用卡主卡和附属卡申办年龄至 70 岁，提供老年版界面的

App 和手机银行，支持一键转人工客服，打造老年客户专属使用场景。

5. 数字金融

以"建生态、搭场景、扩用户"为基本逻辑，打造实时互动、共创共享的生态圈，外拓场景扩展服务边界，构建全产品、全渠道、全客群的数字化经营体系。加快提升企微"一对一"服务客户的总量，提供个性化标签，赋能数字化经营。运用多维数据不断丰富客户画像，持续扩充预审核目标客户容量，串联司法、欺诈、失信、反洗钱、评分、授信、预警等智能化风控模型，增强全流程自动化处理效率，实现"千人千面"的差异化服务。

> **小贴士——**
>
> "圣人无常心，以百姓心为心。"进一步提高信用卡服务的便利性和普惠性，坚定走好中国特色的信用卡新金融之路，为服务实体经济融资融智，为构建社会诚信保驾护航，为安居乐业添砖加瓦，为促进社会公平注入动能，为人民至上贡献力量。以信用卡高质量发展助推社会建设，增进民生福祉，不断满足人民对美好生活的向往。

后　记

——信用卡的幸福学说

　　数字经济时代是新金融的"普惠"时代，信用卡是目前服务个人客户最多的信贷产品，信用卡能带来"悦己悦人"的幸福。它给人以"营销中学习业务和学习客户"的喜悦，给人以"有效处理各种复杂问题"的喜悦，给人以"业绩增长得到肯定"的喜悦，给人以"业务创新和成果展示"的喜悦，给人以"帮助客户解决问题"的喜悦，给人以"遇见自己客户的喜悦"，给人以"银行转型发展和自身成长成才"的喜悦……同时，它也给客户带来"消费方式升级"的喜悦，带来"应急得到帮助"的喜悦，带来"资金压力得到缓解"的喜悦，带来"塑造尊贵身份"的喜悦，带来"体验优质服务"的喜悦，带来"享受美好生活"的喜悦……它已成为社会一项举足轻重的金融工具，让广大老百姓感受到金融服务的亲切和温度，让金融活水惠及普罗大众。

　　"喜看稻菽千重浪，遍地英雄下夕烟。"许多人耕织于信用卡业务，和这项充满"魅力"的业务打交道，在与它的深入融合中，会有许多难忘的片段：风雨兼程的营销，丰富多彩的活动，用心用情的服务，满载而归的喜悦，两手空空的烦恼，化繁为简的处事，行之有效的管理，高质增长的业绩，有口皆碑的赞誉……这些片段会给人生增添许多亮丽的色彩，赋予更加美好的生活，这就是信用卡的"魅力"。

人生百味，尽在方寸之间。信用卡业务是物质、精神和情感的融合，你会在其中找到心灵的平衡，找到"真善美"。它能给弱者以梦想，给强者以启醒，与智者共鸣，使人牢记"金融是服务社会的美好事业"。所以说，信用卡也是一门艺术，它源于生活，又高于生活，它是一门令人幸福的艺术，当然也会有"幸福学说"。